U0902919

成功都是逼出来的，伟大都是熬出来的

SUCCESS
IS NO ACCIDENT

台海出版社

图书在版编目（CIP）数据

成功不是偶然 / 志朝著. —北京：台海出版社，2018.7

ISBN 978－7－5168－1951－7

Ⅰ.①成… Ⅱ.①志… Ⅲ.①移动通信－电子工业－工业企业管理－经验－中国 Ⅳ.①F426.63

中国版本图书馆 CIP 数据核字（2018）第 125650 号

成功不是偶然

著　　者：志　朝

责任编辑：王　萍　　装帧设计：天下书装

版式设计：天下书装　　责任印制：蔡　旭

出版发行：台海出版社

地　　址：北京市东城区景山东街 20 号　邮政编码：100009

电　　话：010－64041652（发行，邮购）

传　　真：010－84045799（总编室）

网　　址：www.taimeng.org.cn/thcbs/default.htm

E － mail：thcbs@126.com

经　　销：全国各地新华书店

印　　刷：三河市人民印务有限公司

本书如有破损、缺页、装订错误，请与本社联系调换

开　　本：880×1230　　1/32

字　　数：178 千字　　印　　张：9.75

版　　次：2018 年 7 月第 1 版　　印　　次：2018 年 7 月第 1 次印刷

书　　号：ISBN 978－7－5168－1951－7

定　　价：49.00 元

2018 年，从不轻言上市的小米最终迎来了上市这条辉煌之路。在这之前，雷军一直坚持“五年内不上市”。这一次，他食言了。创业 8 年后，小米以全新的姿态重新出发。在资本市场上轰轰烈烈上演起又一轮“造富神话”。

很多人看好雷军成为新“首富”。他的成功，是无数年轻人梦寐以求的事情。对此，雷军这个过来人却坦荡直言：“成功都是逼出来的，伟大都是熬出来的。”

2018 年 1 月，小米 CFO（首席财务官）周受资在微博上发言称：“未来的一年里，连睡觉都是浪费时间。”这个世界上，比你成功的人比你更努力，他们一步一个脚印，甚至将睡眠当成一种奢侈。

雷军总认为自己是互联网的新秀，比不上一直挺立在互联网前排的“BAT”（百度、阿里巴巴、腾讯）。事实是，站在风口上的小米，不但成功地飞了起来，还惊人地一飞冲天。

创业门槛低，而成功却有很多条件和前提。每一个普通人都渴望成功，令人遗憾的是，很多人终其一生也无法获得此种畅快淋漓的体验。绝大部分创业者一再面临着进退两难的窘境，抓不住成功的规律，也看不清未来的方向。

大量实践告诉我们，成功不是偶然，成功的秘诀也可以很简单。最大的障碍往往来自于你自己。同样的条件下，一些人脱离平凡，人生之路越走越顺利，越走越辉煌；另一些人却在尝尽失败的苦涩后重归平庸，终其一生都碌碌无为。

前者总是充满梦想，后者一般习惯空想。前者专注而又努力，总能拨开层层迷雾找到方向和意义；后者却三心二意眼高手低，拒绝仰望星空，从不脚踏实地。

有人说，雷军是年少成名的代表；也有人说，他是大器晚成的典型。他曾尝尽失败的滋味，也曾一次次沐浴着成功的光芒走向未来。雷军的创业经历能给予我们很多思考，关于努力，关于选择，关于顺势而为，关于事业决策，关于用人之道等等。

金山时期的他是一个不折不扣的 IT 劳模，将奋斗作为座右铭，一路无畏艰险披荆斩棘。苦苦耕耘 16 年后，金山顺利上市，雷军则功成身退。

从金山急流勇退后，雷军华丽转身，化身为天使投资人。3 年“修行”下来，他已成为投资界赫赫有名的“老前辈”。从凡客、乐淘、拉卡拉、UC、多玩网到可牛，雷军先后帮助 17 家公司崛起，鲜少失手。他的朋友说：“全中国都是雷军的试验田。”

雷军是个“永不知足”的人。40岁那年，早已功成名就的他决定重新出发。这一次，他怀揣着属于他的“秘密武器”，信心十足有备而来。

第一个“武器”是顺势而为。从多年前“完美”错过互联网到这一次主动拥抱互联网，雷军牢牢抓住了时代的风口。小米就此乘势而起，一下子打开了国货的新格局。

第二个“武器”是快字诀。以“快刀斩乱麻”的方式速战速决，是雷军一贯的行事风格。这将他独到的互联网思维体现得淋漓尽致。选择以快来打天下，是因为速度一慢，机会就没了。平凡的你我若仅仅只是静待机遇的来临，迟早会被淘汰。不如快起来，用行动去改变。

雷军的第三个“武器”是他的“产品至上论”及用户思维。为了做出让用户尖叫的产品，他会带领团队一次次死磕细节，坚持将质量打磨至极致。这样的举动其实是在为粉丝经济造势。当数以万计的发烧友成为小米背后的力量，小米想不成功都难。

雷军的第四个“武器”是他的颠覆性创新思维。创业路上，颠覆性创新的施行需要极大的勇气。作为一个决策者，如果你质疑革新的力量，没有足够开阔的心态去面向未来，只能与成功擦肩而过。时刻作好创新的准备，甚至作好创新失败的准备，一往无前，力求颠覆。

思维的差异决定了行为的差异。一个人的眼光决定他人生的高度。领导者的思想境界决定了一个企业能走多远。

雷军对年轻人说的最多的，是不要用战术上的勤奋掩盖战略上的懒惰。习惯于用无效的努力去感动自己的人，应将这句话牢牢记在心里。创业者要学会站在高处领衔大局，这是正确决策的前提，亦是战略突破的必要条件。

本书结合雷军崛起的心路历程，着重分析了雷军成功的关键性因素及这位创业先锋充满智慧的企业管理技巧、独到的商业思维。阅读本书，无异于一次励志之旅。而开启互联网时代的“金钥匙”则散落在书中各处，待有心人仔细寻觅。

所谓狭路相逢勇者胜。创业路上，我们首先要作好充分的心理准备去迎接失败与艰辛。除此外，还要花更多的时间去琢磨经营的艺术，努力突破思维定式，成就更好的自己。

目
录
Contents

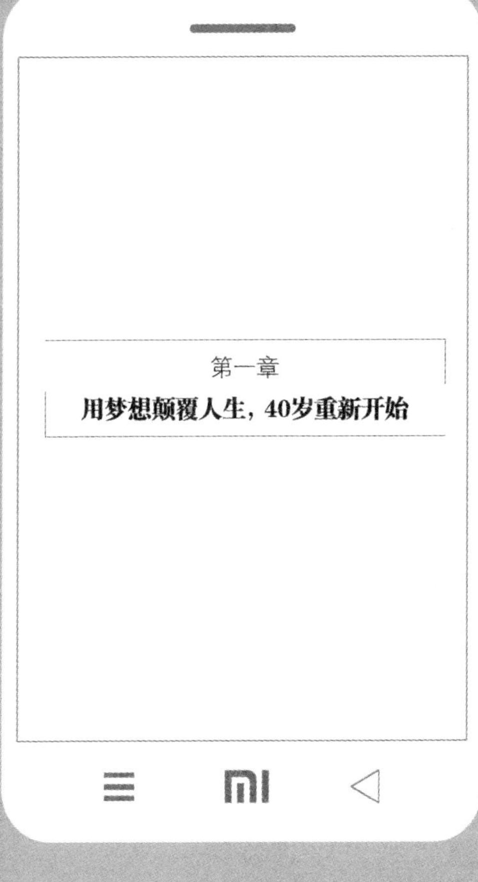

第一章

用梦想颠覆人生，40岁重新开始

1. 你热爱的事情里藏着你的梦想

雷军曾多次公开谈过关于梦想的话题，他最想告诫年轻人的是，做你热爱的事，热爱你所做的事。“你喜欢这件事情，你爱这件事情，你把这件事情变成爱好，你做这件事情就不会觉得累，也不会有牢骚，遇到困难都很容易去解决。”雷军如是说。

梦想的力量来源于你对它的信仰和热爱，而几乎所有的成功人士都在做着他们真正感兴趣的事。你的梦想，藏在你热爱的事情里。

2016 年 3 月，雷军突然在自己的公众号上发表了一篇名为《程序人生》的旧文，引得网友议论纷纷。这篇文章 20 年前被发表在 BBS 上，文中雷军回忆了当初与计算机程序结下不解之缘的经历。他诚恳写道：“我爱编程这个工作，可以肯定我会干一辈子。”

雷军学电脑很偶然，只因幼年时候的好友在报考大学的时候选择了电脑专业，为了和好友有更多的共同语言，他也填报了武大的计算机系，就这样过上了与以前截然不同的程序人生。刚刚学了一点电脑知识，雷军立马认定，电脑将是他人生的最爱。雷军说，他一扎入到美妙的电脑世界就忘了时间，每每坐在电脑面前，就仿佛在自己的王国里巡行一般。他遨游在这个虚拟的世界中，如饥似渴地汲取着经验，这简直是天堂般的日子。

计算机程序员成为雷军的梦想。因为做的是热爱的事情，雷军废寝忘食，勤奋异常，想尽各种办法去争取上机时间。因着努力和天分，最后他如愿以偿地成为一名程序员，并在这个行业里扎根十年，一步一个脚印，踏踏实实地走到了今天。

如今，雷军早已成为互联网界的风云人物，他却仍然保持着初心："到今天，我依然是一个程序员，一个软件工程师。"从这句话里，我们可以看到他对编程这项事业的深切热爱。这爱一如既往从未更改，支持着他迈入辉煌的未来。

村上春树在他的著作《当我谈跑步时，我谈些什么》中提到："无论何等意志坚强的人，何等争强好胜的人，不喜欢的事情终究做不到持之以恒。"随着社会越来越浮躁，人也时不时陷入迷茫的状态之中，不晓得努力的意义在哪里。这个时候，不妨重新思考一下你正踏在脚下的路，和你未来的路。

2005 年，苹果创始人史蒂夫·乔布斯在斯坦福大学的毕业典礼上发表了一场精彩绝伦的演说。其中，乔布斯的一段话让如今的人们记忆犹深："你的工作将构成你生活的大部分，而唯一能让你真正从工作中得到满足的办法就是爱你所做的事。假如你还没有找到它，继续找吧。不要停下脚步。同所有与心灵相关的东西一样，当你找到它时，你会知道的。而且就像那些美好的爱情一样，它会随着岁月的增长而越发醇美。”

工作如爱情一样，你的梦想藏在你热爱的事情里。只有与深爱的人在一起，你才能将充满柴米油盐的生活过得有滋有味。只有去做爱做的事，你才有逐梦的燃烧感，你才能毫无负担地将宝贵的精力和时间投入在工作上。所以史蒂夫说，你必须要找到你所爱的东西，它是唯一能够支撑你永不停歇的动力。

先找到你的热爱，将它变成梦想，再向其倾注所有的时间和精力，如栽花一样小心呵护。这过程无比美妙，除此之外，你还会收获一个最美丽的春天。

在斯坦福大学的那场著名的演讲中，乔布斯说了三个故事。在第一个故事开始前，他抛出了一个令人深思的问题：“我在里德学院读了六个月之后就退学了……我为什么要退学呢？”

原来乔布斯的亲生母亲是一位未婚大学毕业生，她决定为乔布斯寻找一个文化程度和经济条件高一点的收养家庭。谁知后来阴差阳错，乔布斯的养父母人选落在了一对学历很低的普通夫妻头上。亲生母亲向养父母提了一个条件，乔布斯必须要上大学。得到肯定回复后，她签了收养合同。

17岁那年，乔布斯被著名的里德学院录取，养父母为他的学费耗尽了所有的积蓄。然而在六个月后乔布斯已经看不出这其中的价值。每一天，他都很迷茫，几乎每一项课程都令他提不起兴趣。他不知道自己真正想做的是什么。纠结良久，他终于明白，大学给不了他答案。所以，他选择了退学。这个决定让他过了一段极其艰辛的生活，却给了他更多的时间和自由，去寻找他真正热爱的事情。

这份热爱令乔布斯最终确立了此生的梦想，并谱写了一段属于他自己的传奇人生。

我们从小就被教育着不能输在起跑线上，总是会被父母强行“修正”梦想，久而久之便忘了怎样去倾听内心的声音。殊不知梦想没有捷径，随波逐流、盲目追风太容易使人跌倒。只有去做真正热爱的事，才能毫无保留地挥洒热情，付出心力，哪怕遭遇挫折与痛苦也甘之如饴。

选择职业的时候，要看自己喜欢什么，擅长什么，而不要看大家都在做什么。学校不会教我们如何寻找梦想，什么才是值得为之奋斗的梦想，而生活却能够让我们越来越深刻地认识到自己。积极地去尝试吧，总有一天你会找到发自内心热爱的事业，找到属于你的路。

因为热爱，所以专注；因为热爱，所以耐得住寂寞；因为热爱，所以无所畏惧。真正靠谱的梦想藏在你热爱的事情里。

这份热爱也许不会在一开始就让你过上美好的日子，它甚至会给你带来无数的艰难困苦。但唯一能够肯定的是，这份热爱会让你的每一天都头脑清醒、精力充沛。它激励着你去穿越平庸的岁月，去化身为黑暗隧道中的勇士。它能带你告别过往的蝇营狗苟，到达天地广阔锦绣灿烂的彼岸。

2. 有梦就去追，多晚都不晚

雷军曾坦言道，随着年岁越大，人越难去谈梦想。20 岁的时候有梦不难，难的是 40 岁的时候还有做梦的勇气。“面对残酷的现实，还有几个能笑对今天，笑对明天呢?”雷军的口气平淡，眉心却深锁。

在如今这个年代，梦想要比奢侈品重要得多。一些年轻人将梦想的实现视为人生最高的追求，追梦的时候无所顾忌，哪怕失败也在所不惜。可是对于大多数的中年人来说，梦想的种子被现实层层包裹，刚出现点苗头就被生活无情掐灭。

实际上，梦想不是虚无缥缈的幻想，它是我们活着的意义。无论是青春年少还是三十而立，哪怕年逾古稀，都可以痛快地启程追梦。

记住，梦想和年龄无关，无论你处于人生的哪个阶段，都要有做梦的勇气。

2008 年 12 月 10 日晚，北京燕山酒店对面的酒廊咖啡馆里正举行着一场简单的生日宴会。大伙儿围聚在一个身材颀长、神情谦和的高个男子身旁，举着酒杯谈谈笑笑。

那一天是雷军的生日，屋外正在飘雪。席间有人开玩笑道，这辈子如果能像雷军一样成功，这会儿就可以光荣退休了。听到这句话，雷军皱起眉来。他本人一直抗拒退休的念头，只因他心里一直藏着另一个“旷日持久”的梦想——他想像乔布斯一样创办一家世界级的公司。雷军正想得出神，身旁的男子突然高举酒杯，冲他豪迈说道：“40 岁才刚开始，你怕什么!”

说话的男子是黎万强，雷军的老部下。他曾陪着雷军共同走过一段金山岁月，不久后，黎万强又跟随雷军的脚步踏上了新的征途。

四十不惑之年，雷军对自己说：“如果不做，这辈子都不踏实。要是输了，反倒彻底踏实了。”他毅然追梦，甚至找来很多志同道合之人，组成一支大龄创业团队。这支队伍的平均年龄有 40 多岁。尽管被人嘲笑“40 多岁还创业，可见是老同志不服老”，雷军却不为所动。就这样，小米应运而生。

小米一度爆发式增长，并成为全球估值最高的上市公司。2018 年，小米上市的消息频频传来，雷军离他创办世界级公司的梦想又近了一步。

社会引领着我们去追寻更好的生活，对于今天的你我来说，获得温饱是一件简单的事情。不再为衣食住行忧心的我们，内心的压力与焦虑却与日俱增挥之不去。

放眼望去，身边的人似乎都沉浸在一成不变的生活里，对工作提不起兴趣，对未来认识得很模糊，哪怕有梦想也总是偷偷藏在心里。他们总在抱怨："算了，一大把年纪了，没什么希望了。""凑合凑合得了，哪有那么多梦想。"

将这种话挂在嘴边的人也许是你的学长，上有老下有小，家庭工作一地鸡毛；也许是你的同事，年纪并不是很大，却自认为错过了提升自己的最好的时机，以至于"当一天和尚撞一天钟"，得过且过；也许是你的长辈，虽已四十不惑却仍称得上年富力强，只因年轻时候经历太多打击，早已沮丧失望到了骨子里，只好以无所谓的态度掩盖内心的失意。

褚橙创始人褚时健曾直言不讳道：年轻人总想着一步登天，遇到点挫折便收敛了野心，轻易忘了梦想的滋味。而他 80 岁还在摸爬滚打。

褚时健是曾经的"中国烟草大王"，一度创下辉煌的事业。到了 1995 年，他的人生道路偏离了既定的方向，他遇到了此生最大的挫折。就在人们认为他这辈子彻底完蛋了的时候，褚时健却一鼓作气开始了人生中的第二次创业。那一年，他已年逾七十。

他带着妻子来到了哀牢山，望着遍地荒凉，褚时健叹了口气。妻子握紧了他的手。第二天开始，夫妻俩一口气承包了 2000 多亩山地，辛苦种起了甜橙。那些年他们搬到山上，住着简陋的窝棚，起早贪黑埋头苦干。褚时健每晚还要抽出时间去看专业书，研究种橙的技巧。

十年后，“褚橙”进入北京市场。

古今中外敢梦敢想的人太多，他们从来没失去过梦想的能力。梦想只要在路上，无论何时都不晚。

沃尔玛的创始人山姆·沃尔顿被称为“美国梦的缩影”，1985 年他成为令人艳羡的美国首富。然而在多年以前，他还只是一家普普通通的小折扣店的老板。身边的人唯一希望的是他能够守住这家店，毕竟他已年岁不小。山姆·沃尔顿的心里却有着更大的梦想。为了开启第一步，他想尽办法去借钱。等他筹集到足够的资金后，他毫不犹豫地买下了另一家店。

因为多了很多外债，生活变得拮据起来，山姆·沃尔顿甚至一度付不出员工的工资。面对这些压力，山姆·沃尔顿却很乐观。那一年山姆·沃尔顿 44 岁，因着他的坚持，他从特许经营者摇身一变成为自主企业家，而他买下来的那家小店成为连锁超市沃尔玛的第一家店。

马云 35 岁时才成立阿里巴巴，在那之前，他遭遇过无数的拒绝。没有人比他更清楚，年龄不是问题，及时把握住机会，有超越常人的毅力，就能实现梦想。房产大佬丁祖昱在 40 岁的时候突然对长跑产生了兴趣。他没有丝毫犹豫，马上开始了马拉松的练习。两年之后，丁祖昱减重 34 斤，重回标准体型，并在专业上达到了中国业余二级运动员的水平。

没有梦想，纵使 18 岁，外表青春灵魂却已腐朽；敢于梦想，即使是 80 岁，两鬓花白却有一身傲骨，无愧于常青树的美誉。也许你荒废了最黄金的学习时期，错过了最宝贵的创业阶段，但这并不意味着你完全丧失了成功的希望。

人生由态度决定，但凡你有积极上进的愿望，并及时着手实现，无论何时开始都不算晚。

3. 梦想需要规划，制订阶段性的目标

雷军在大学一年级的时候就郑重叮嘱自己：光有梦想是不行的，有梦想也得去规划。

有大梦想，更要有阶段性的小目标。不慌不忙，一步一步地走过山路，攀登过险峰，绕过断崖，终有一天能欣赏到“一览众山小”的风光。

然而在现实生活中，人们总是执迷于梦想的魔力，却懒于去做具体的规划，去细致地制定阶段性的目标，反而日复一日地过着懒散的日子，等待着被平庸的岁月吞噬殆尽。

雷军曾给北大学生提了三条建议：第一要有梦想；第二要设定 step by step 努力的目标，不要着急；第三要重视机遇。对于其中的第二条，雷军深有体会。一路走来，他一直身体力行地践行着这一点。当年进入武大计算机系后，雷军给自己制定的第一个小目标是，两年之内学完大学所有课

程，并修足学分。这个计划令他有了明确的努力方向。

因着异于常人的勤奋，雷军在武大校园里留下了很多“传说”。有武大的学生“爆料”，武大的樱花城堡那边有几个窗户很多年前就被焊了铁栏杆，原来那里曾是机房所在地，焊铁栏杆是为了防住雷军偷偷上机。然而，雷军总有办法偷偷溜进机房修炼本事。靠着这份努力，雷军在两年后如愿修完了大学四年的课程。他很快就设定了第二个目标——在一级学报上发表论文，这个目标在他大二的时候被成功攻破。

那时候的雷军，在学习上已无后顾之忧。很快，他有了第三个目标，并就此踏上了奋斗之路……

对于雷军这样的人来说，一定在很早之前就确定了一个宏伟的梦想。他们习惯于将这个伟大的梦想分割成一个个清晰的小目标，理智地分摊在每一段人生之路上，不断行走的过程便是不断攻克这些小目标的过程。

等有一天，这些小目标被统统抛在身后，他们便也如愿以偿地变成了更强大的人，甚至无限靠近顶峰。所以说，平庸的人只想不做，智慧的人却善于规划梦想。

社会学家曾针对人们的梦想规划和人生目标作了一份专业调查，结果让人震惊。在这份调查中，接近30%的人生活贫穷，他们中大多对梦想的规划没有概念；差不多60%的人是最普通的上班族，他们中的很多人虽然心怀梦想却缺乏制定阶段性目标的意识；10%左右的人在大众眼中是当之无愧的成功人士，处于行业领头羊的角色，这一群体中几乎所有的人都有着规划梦想的习惯，目标明确而清晰。

整天将梦想挂在嘴边，四处向人诉说，还不如脚踏实地，先将大的梦想分解为一个个具体的小目标，持之以恒地为之付出努力。这一个个小目标既是你行动的依据，也是鞭挞你一直向前的动力。

也许你曾见过青蛙跃过荷叶的优雅身影。如果你仔细观察会发现，聪明的青蛙为了最近距离地捕食到蚊虫，在经过短暂的思考、蓄力后总会准确无误地跳跃到最适合的叶面上，并以最快的速度和最稳的节奏完美达成多步起跳、最终捕食这一系列动作。

人也应该如此，在铺设梦想道路的时候，首先需要的是理智、科学地设定阶段性的目标，一边努力充实自己，一边有条不紊地朝着这些方向去努力。

著名的企业家俞敏洪早在 2006 就带领着新东方在美国纽约证交所成功上市。三年后，他获得了 CCTV 年度经济人物的称号。他是创业青年们最熟知的“精神领袖”之一，而他留给年轻人们最宝贵的创业经验是，一定要不断地给自己创造成就感，最有效的方法是不停设立阶段性目标。

当年的俞敏洪一心想出国，然而由于种种原因，他的出国梦一再落空。出国深造当然是为了获得更多的成功机会，若暂时无法实现成功的梦想，不如先将梦想划分为具体可行的目标。俞敏洪想了又想，决定先解决目前最紧迫的事情：

赚钱养家糊口。

俞敏洪心里清楚，没有经验和基础的人一开始就想赚大钱是很不切实际的。他当时的目标很简单，一天赚够 30 块钱就行。那时候他任教于北京大学，每天上一次课就能赚 30 元钱。实现这个小目标后，他的目标又进了一步。他开始每天上两次课，一天能赚 60 块钱。小目标被不断地攻破，后来俞敏洪看到别人创办培训班，一天能赚 600 块。于是，600 块便成了这一阶段他的目标。靠着这种每天都在进步的精神，他的培训班顺利地开办起来，逐渐变成了今天的新东方。

俞敏洪开玩笑说，蚂蚁想要搬动泰山，只能一点一点来。如果一开始就让他创办如今这种规模的新东方，他会被吓死。正如他所言："人应该有宏大的理想，但更要知道去实现这个理想具体的每一步应该怎么去做。"想要实现那个在你看来遥不可及的目标，就一步一步向前走，你脚下的每一步都有意义。

厚积而薄发。真正能够决定我们能走多远的是眼前这个触手可及的小目标。根据自己的现实情况，仔细而准确地设立好当前目标，而不要一味地好高骛远眼高手低。这个目标不能过分艰难，太艰难实现不了无疑会给你带来打击；它也不能太简单，太简单容易实现根本无法获得满足感。你要相信，聪明地规划梦想，合理地去设置阶段性目标，能让你的人生更顺利。

4. 有梦想不难，关键要有付诸行动的勇气

雷军总强调："有梦想是简单的事情，关键是要有将它付诸实践的勇气。"在业内人士眼里，雷军百分百是个行动派，他雷厉风行又刻苦严谨，敢于畅想又能脚踏实地。他务实，却从来不缺乏实践梦想的勇气，无论这个梦想在其他人眼里有多不切实际。

心存梦想，一旦付诸行动就变得神圣。萤火虫只有用力地扇动翅膀，才能发出那澄亮的黄光。一张地图，无论它拥有多么精确的比例，多么详细的标注，它也不可能主动承载着你去行动半步。想要走遍千山阅尽风景，你得尝试着主动走出去。

梦想是你扎根的基础，而行动的勇气却能一路滋润着你，呵护着你长成参天大树。

2014 年，首届世界互联网大会如期召开。乌镇峰会上，主持人当着苹果副总裁的面向雷军问道，是否曾说过要在 5 到 10 年内赶超苹果。雷军给出了极其肯定的回答，尽管他当时有些尴尬。事后他回忆说，冷静下来后脑子里浮现出了马云的名言："梦想还是要有的，万一实现了呢?"然而他心里更清楚的是，做梦人人都会，却不是人人都有行动的决心。

2017 年底，雷军在个人公众号上发出捷报：轻轻松松地

实现了年初的小目标。截止到十月前，小米手机的总出货量已超过7000万台。2018年，小米的成绩越发辉煌耀眼。为了赶超苹果，发展国货，从2013年开始，他指挥着小米正式进军国际市场。现如今，小米已牢牢把稳印度市场，并在包括印度尼西亚、俄罗斯等在内的九个国家取得了前三的成绩。

离乌镇峰会只隔了短短三四年时间，雷军朝着梦想又跃进了一大步。谁也不敢断言，未来的小米不会超过苹果成为全球第一。各大论坛上的“米黑”们却不止一次地骄傲宣示，自己已转“路人”，已“转粉”。

然而，人们只看到了雷军曾经的“大话”和如今的成就，却总是习惯性地忽略他背后的行动、他莫大的勇气和决心。没有行动，大话永远是大话。有了行动的勇气，梦想一定有变为现实的一天。

正如大文豪伏尔泰所说：“人生来就是为了行动，就像火光总是向上腾冲。”人生的意义和乐趣在于行动，畏惧行动的人无法成功。很多人带着梦想活了一辈子，却始终与它无缘，正是因为缺乏行动。

实际上，梦想与现实无限贴近，几乎只有一步之遥，关键是你要有付诸行动的勇气。梦想与现实同时又无比遥远，可以说相隔万里，如果你只是想想却从不行动。有梦想不难，重要的是你要有将它变成现实的决心和勇气。

360创始人周鸿祎1995年研究生毕业后，被方正集团录用。方正是当时国内首屈一指的大公司，周鸿祎抱着学习的态度决定从最基层的程序员做起。他无论大事小事都会耐心应对，兢兢业业，将所有的抱负和梦想都付诸于日复一日的行动之中。很快，周鸿祎便由普通的员工晋升为项目主管，又接连跃升为部门经理、事业部总经理，没多久他又被提拔为方正研发中心副主任。

那时候的周鸿祎堪称年轻有为，是同龄人眼中羡慕的对象。在一般人眼里，只要好好待在方正这个大集团里，他一定前途无限。但对周鸿祎来说，他心中永远有着一个伟大的创业梦。这个梦不能只藏于心里，他要将它化为行动，付诸实践。所以，在积累了足够的经验后，周鸿祎毅然离开了方正，投身于互联网创业大潮中。这才有了如今的 360。

行动是成功的基石，梦想不能只是说说而已。想一千遍，不如行动一步。当你行走在追梦的路上，尽管目标遥遥无期，你的身后却留下了醒目的脚印。

1984 年，李彦宏所在的学校买了几台计算机。那年代计算机是个稀奇的事物，为了选出最适合的学生去学习计算机，学校组织了一次数学测验。李彦宏凭着优异的数学成绩拿到了那个珍贵的学习机会。他辛辛苦苦学了一年后，代表学校去参加了全国青少年程序设计大赛。与他同行的还有两名学生。老师带着他们三个人坐着火车去太原，一路叮嘱他们说：“你们三个人只要有一个人能够冲进全省的前十，我就没白教你们。”李彦宏暗暗发誓，一定要给学校争光。

第二天他们在太原参加了比赛。成绩下来后，大家都很沮丧。他们三个人都落选了。后来，李彦宏回忆说："我很清楚为什么当时我们进不去，因为大家在信息、在资源面前太不平等了。"那时候他才上高一，心里升腾起一个模糊的梦想：他想让所有的人，哪怕住得再偏远，都能像北大的教授一样，方便平等地获取信息。

李彦宏不是想想而已，这之后，他学习越发勤奋。辛苦两年后，李彦宏成功被北大信息管理系录取。上了大学的他一边刻苦钻研专业知识，一边积极申请美国大学的计算机专业。不久，他收到了布法罗纽约州立大学计算机系的录取函，便收拾行装远渡重洋，去了美国留学。

1999 年，李彦宏毅然离开硅谷，回国创业，这才有了百度……

成功之路总有着相似的几个阶段。首先要有梦想，其次要有阶段性的目标，有具体的实施计划，之后便是最关键的行动。缺乏将梦想付诸行动的勇气，你永远只能被困在原地。毕竟梦想再美丽，目标再动听，计划再周密，不去行动，这些都不过是水蒸气。

梦想不能只躺在你身体的某个角落里呼呼大睡。人生短促，世事纷繁，这个世界给予你的时间和机遇有限。不要总用这样或那样的借口来为自己开脱，你的梦想离你那么遥远是因为你还没有真正地行动起来。勇敢地去梦吧，再勇敢地行动起来，将它实现。

5. 坚持，梦想的路上切忌半途而废

雷军曾对大学生们坦言：“创业绝对不是人干的活，是阿猫阿狗干的活。如果没有钢铁般的意志，你是绝对干不了的。”

创业的艰辛不言而喻，雷军对此深有体会。尽管他带领着小米在互联网行业留下了浓墨重彩的一笔，这傲人的成就却也不时在向他提醒着曾经的艰苦。雷军对梦想的坚持和他那种摧不毁打不倒的意志力为小米铺设了辉煌的未来。

有人曾苦笑着说道，知道怎样去实现梦想吗？首先要坚持，然后要不要脸，最后就是坚持不要脸。一句大白话点明了一个最朴实又最实用的道理：坚持才能实现梦想，半途而废就只能看着别人的成功“望洋兴叹”。

雷军想要告诉我们的是，要永远相信梦想的力量，更要永远相信坚持梦想的力量。

2017 年 6 月 14 日，雷军转发某位网友的微博，并配上了一声长叹：“唉……”仔细看这位网友的微博，原来写的是：“铺天盖地的小米 6 负面要来了，这时候我只想说，我拿的是假小米 6 吗？他们说的问题我这个都没有。”雷军的叹息在网上引起了巨大的声浪。

犹记得 2015 年的 6 月，雷军回到了母校久违的梅园小

操场，当时台下坐满了武大的毕业生。大家满怀期待地仰望着这位著名的校友。台上的雷军笑了笑，坦言道："为演讲内容想了一晚上，没怎么睡好觉。"他想了一晚上，终于确定了演讲的主题："相信梦想，坚持梦想。"雷军说，拥有梦想再去实现梦想是非常必要的事，但坚持很难。

"你今天能坚持，5 年后还能坚持吗？10 年后 20 年后还能坚持吗？"雷军的"质问"振聋发聩。台下一张张年轻的脸上浮现出沉思的表情，雷军在问他们，也在问自己。

2016 是小米伤痛的一年，"跌跌不休"是那一年小米的关键词。有人断言，这种毁灭性的暴击是任何一家公司都无法承受的，小米的东山再起是一个遥远的梦。

那时候的雷军忙前忙后，堪称是焦头烂额。但在最困难的时候，他脑子里却从来没有出现过放弃的念头。为了止住跌势，寻得新的生路，雷军调整策略，部署一年，终于使得小米的销量实现了逆转。2017 年 8 月 17 日，雷军发表了一篇文章，题目是《小米如何成功逆袭》。在这篇文章中，雷军的自信与坚韧跃然纸上。

追梦的人都得是最"坚贞"的人，拥有强悍的心性和难得的韧性。坚持到底、永不言弃是他们的人生格言。失败只有一种，就是半途而废。不论古今，谈起这些人物，首先需要铭记的是他们的毅力与恒心。

楚国屈原胸怀大志，洞中苦读《诗经》，天寒地冻刮风下雨也从未放弃，终于给后世留下无数瑰丽诗篇。战国苏秦废寝忘食刻苦读书，乃至于“头悬梁，锥刺股”，坚持不懈终成一代大家。以雷军为代表，细数如今这些赫赫有名的创业大佬们，骨子里的拼劲与坚韧堪称一脉相承。

梦想既然为自己亲手播种，就不能因着半途而废而化为泡影。如果有 100 个心怀创业梦想的人，其中 90% 的人也只会在脑中想想，想完就洗洗睡。剩下的 10 个人会真的去筹措资金，寻找志同道合之人。这 10 个人里，其中有 5 个人会浅尝辄止，遇到困难就打道回府，余下的 5 个人会试着坚持。当“暴风骤雨”袭来时，有 4 个人的坚持化为齑粉。只有 1 个人顶住了压力。当风停雨住，只有他看到了阳光和彩虹。

放弃再简单不过，将昨日的誓言和决心抛在脑后，哪儿跌倒就躺在哪儿。可是还记得蔡康永说过的那句话吗？人生前期越嫌麻烦，越懒得坚持，后期就越辛苦，越容易错过新风景。

你不尝试着去为梦想披荆斩棘拼到最后，梦想也必定不会回馈你想要的美丽。

2002 年，互联网寒冬袭来，整个华为陷入了崩溃。任正非的爱将李一男拿着从华为股权结算和分红的 1000 多万元创办了“港湾网络”。期间，李一男用各种手段从华为内部挖人，视老东家华为为劲敌。面对爱将的背叛，任正非的心情跌到了谷底。在这之前，他的母亲因一场车祸意外去世，这让他痛彻心扉。公司里“人荒马乱”，上下糟乱不堪，家里冰冷如寒窖，整个世界似乎都变成了灰色。

接二连三的打击让任正非跌到了人生谷底，他因为癌症动了两次手术，期间还患上了抑郁症。没有人知道，这个一向坚强的汉子曾多少次从噩梦中醒来，曾多少次深夜痛哭。

最艰难的时候，任正非想起以前的生活经历。他在农村长大，也曾在部队里经历过千锤百炼。他知道他没那么容易倒下。

消沉了一段时间后，任正非决定要重新站起来。他一边积极配合医生治疗身体，一边着手处理公司的事物。面对李一男的咄咄逼人，任正非率领部下成立“打港办”，苗头直指“港湾网络”。在一系列强有力的措施下，华为慢慢走出了困境。

在梦想这条路上，没有谁不曾经历过岁月的洗礼。磨难与痛苦肯定会接连而至，荆棘与挫折势必如影随形。最初的热情消耗殆尽后，你是否还有信心能够坚持到最后？这是值得每个人深思的问题。有着稚嫩心境的普通人总是一掰就折，经不得一点风雨的打击。强者却能顶风而行，冒雨前进，畏难怕苦半途而废绝不会被书写在他们的人生字典里。

坚持是成功的秘诀，梦想的路上切忌半途而废。轻易抛弃梦想的人，小心某一天时光会将你轻轻抛弃。让人无比渴望的梦想，拿起来就得扛得住。拿起再放下，是弱者的抉择。坚持向前吧，无论遭遇什么都不要放弃，这一腔孤勇最终会成就你的梦想，你的人生。

6. 梦想应不忘初心，不因名利变质

雷军每每在公开场合强调，他办小米最大的动力是要改变国人“便宜没好货”的观点。一路走来，小米从最初的异军突起到如今的硕果累累声名显赫，无论地位发生了怎样的变化，也从未动摇过雷军的初心。在他看来，永葆本色，不忘初心才能走得更远。名利只不过是成功的附带品而已，若一味追名夺利，小米只会变得越来越暗淡，路也会越走越窄。

在如今这个物欲横流的社会里，那份简单纯粹的“初心”是我们前进的指南针。它永远指引着我们走向风景独好的方向。在追逐梦想的道路上，很多付出暂时看不到收益，“初心”能够及时提醒我们不要随波逐流，丧失自我。面对金钱欲念，原本单纯的心性太容易被诱惑腐蚀变质，“初心”却一直告诉我们要避开陷阱，守住清明。

在 2015 年小米的压轴新品发布会上，雷军的一席话让所有人都心怀感触。他说，小米的心态似乎有些扭曲，“老是为了卫冕而战，这不是小米的初衷”。

小米员工沉默了，一些人低下了头。雷军表情严肃：“小米不争第一，就该专注品质不忘初心。”

曾有人问雷军道：“你为什么不把小米卖得贵一点？”雷

军微笑着摇摇头："我会将低价高质进行到底。小米就该老老实实，日复一日地做出感动人心的产品。"

2010 年，雷军高调"杀入"智能手机领域。这位早已功成名就的连环创业家将互联网思维运用得出神入化，从无到有创造出一个"小米王国"。

雷军做小米，是为了"改变中国产品在老百姓心目中的形象，让老百姓用上优质的产品。"彼时，在老百姓心里，总是习惯于把"品质好"与"价格高"画上等号。在国外质量好价格低的产品比比皆是的情况下，国内的产品定价却比国外的贵十倍。国人不信任国内手机市场，小米却以极具性价比的单品爆款成为老百姓的最佳选择。

小米像一条鲶鱼滑入市场，一边激活固有的格局，一边收获自己的战场。抱着这样的初心，雷军一路走到现在。

有人说："不要再让变量的梦想最后变质。"因金钱、名利而变质的梦想，早已不配你去追寻。而没有初心的人生就像徒步行走在沙漠里，走着走着就被风沙迷了眼，迷了心。梦想是轻盈的，它的翅膀不能被名利、欲望所束缚。若强行让梦想负重而飞，忘了出发时的心情，只能导致其重重跌落、凋零的结局。

成功的企业家有很多，不因名利而淡忘初心，不因诱惑而失守失节的人才真正值得我们敬佩。他们的创业精神才值得歌颂。其中翘楚当如雷军。在 2017 年十一长假前，他在个人公众号上发文称，过去的 9 月份，小米取得的成绩太难得。文末雷军强调，小米将不忘初心，继续做“感动人心、价格厚道”的好产品。2018 年，小米的战略重点依然是创新和品质，围绕这份质朴的初心，雷军可以坚持一百年不动摇。

名望、财富、社会地位从来不是他的追求。他的梦想也不会因为这些身外之物而变质。生活中，他俭朴异常。有不少“路人”爆料曾在飞机上偶遇雷军，让他们大跌眼镜的是，雷军从不带助理。他孤身一人拿着行李，往往只坐经济舱。雷军也从不讲究吃穿，他戴着最平价的手表，中午工作餐基本就是盒饭。他将所有的心思都倾注到了小米的产品质量上，当最初的梦想落地开了花，名利尽收之后他还是低调得如我们身边任何一位普通人。

腾讯董事会主席兼首席执行官马化腾曾在 2017 年的粤商大会上表示，因着“正直、进取、合作、创新”这些亮闪闪的价值观，腾讯才能一路坚守初心，一步步发展、扩大，最终形成今天的规模。出身于广东的马化腾是“粤商精神”的代表性人物，而腾讯在崛起的过程中，也从未将这份精神、这份初心抛到身后。

2016 年，网上爆出了一段十多年前的视频。视频中的主角是年轻的马化腾，另一位主角却是当时声誉正隆的海尔总裁张瑞敏。他们正在参加 CCTV 年度经济人物的颁奖典礼。在主持人的示意下，马化腾向张瑞敏详细介绍起了 QQ 的由来及其发展前景。谁知道洋洋洒洒一席话说完，张瑞敏却礼貌地拒绝了他。通过视频，人们看到，那一刻马化腾尴尬无比，失望至极，但张瑞敏的拒绝没有击溃马化腾。

若干年后，当初那个在舞台上手足无措的小伙子已成长为一代商业传奇。他身边的人总说，大家若谈起行业趋势这种话题，马化腾很少插话，他对此不太感兴趣。但若有人提到产品质量，他的话立马多了起来，整个人神采飞扬。

互联网一直是马化腾的初心。他携着这份初心创建了如今的腾讯帝国。

现今的马化腾已成为令人敬佩的互联网前辈。马化腾和雷军一样出身于程序员，在他们这样的实干家面前，梦想永远不会被财富、名利裹挟。不忘初心，砥砺前行是这些企业家们心中不变的格言。

初心，指的是一开始持有的本态，正如孩童般的单纯美好。但随着年岁的增长，我们必将受尽诱惑历经风霜，心里便有了越来越多的杂念。梦想扎根、起飞的过程正如一个人成长的过程，一开始执着单纯，之后随着外力的影响，却越来越复杂，很难坚守初心。

甚至有人为了金钱名利，不惜勾心斗角费尽心机。他们的梦想早已变质，他们忘了也曾那么虔诚地仰望星空，踏实前进。梦想不该被欲望腐蚀，无论前路如何艰险，我们都该将最初的梦想藏在心里。

古人说，不忘初心，方得始终。想要成功地抵达未来，就要怀揣着那份最初的悸动，耐心前进。

7. 不被耻笑的梦想称不上梦想

2011 年 8 月，雷军接受采访的时候无奈地表示："小米本质上就是我们的名字，小米本质上不是手机公司。我们是一家移动互联网公司。人家说，这叫 Mission Impossible（不可完成的任务），说你们干的事情，手机会取代 PC，被骂得很惨。"

到了 2017 年的 8 月，雷军发了一条微博，说："七年前的今天，我们发布了 MIUI，六年前的今天，我们发布了小米手机，这个世界，因为小米，已经有了一点点变化。""吃瓜群众"们纷纷转发，惊叹道，六年前，雷军被嘲笑的梦想终于实现了。

雷军曾不止一次当众表达，一个有"野心"的人，不妨把梦做得高些，不被耻笑的梦想称不上梦想。敢梦敢想的人，才能在这浮华的世界中创造出更大的可能性。而那些曾经令你备受嘲笑的梦想，终有一天会让你闪闪发光。

雷军说，刚刚创办小米的时候，他的梦想是做中国智能手机领域的龙头老大。别人却嘲笑说你雷军从没做过手机，不亏就不错了。雷军没来得及理会那些刺耳的声音，只将全部的精力和时间投入到小米的布局中。仅仅用了两年半的时间，小米冲出亚洲，坐稳了世界手机市场的第三把交椅。到了第三年的春天，雷军实现了当初的诺言，小米一跃成为中国智能手机领域当之无愧的第一名。

实现了这个目标后，雷军很快确立了另一个梦想：要在5到10年后成为世界手机市场的老大。果然，这个梦想之后又被嘲笑了无数次。雷军如以往一般淡定。他知道，如果仅满足于已有的成就，不积极去做被人耻笑的梦，根本斗不过身边虎视眈眈的对手们。

被耻笑的梦想才值得去努力。你不是输在爱做梦，你输在醒得太早。只因你太习惯为自己的人生设限，一有点困难的苗头，便“机智”而及时地选择了退避。谁知，困难背后往往隐藏着机遇。而很多看似辉煌灿烂的奇迹，都是如你我这般普通平凡的人一步一步拼出来的。

被耻笑的梦想才值得被实现。你活得越卑微，目光就越要放长远，梦想就得越“放肆”。如果你正为了你的远大理想孤独奋进，且备受煎熬，记住，寂寞会锤炼你的心性，忍耐会强大你的灵魂。为了将当初吹的牛一一实现，你得挺住。记住，如今的你正承受着多大的耻笑，未来的你就能得到多大的赞美。

一个普普通通的奥地利人在1884年用一张图纸和一个轮盘为未来带来了无限的可能性，因为他敢梦敢想。尽管他的梦想曾备受耻笑。他是尼古拉特斯拉，他画出了最早的220V民用电的蓝图，他发明了第一台交流发电机。没有人相信他，当时声名显赫的爱迪生更是将他的图纸撕毁殆尽。

特斯拉受尽了白眼和嘲讽，历史却证明，正因他伟大的梦想，电灯取代了煤油灯，电力走入了美国千家万户。

一对普普通通的兄弟一直梦想着人类能像鸟儿一样遨游空中，被当时的人们嘲笑为异想天开。1903 年，莱特兄弟驾驶着他们发明的“飞行者”1 号，飞向了北卡罗来纳的上空。一分钟不到，“飞行者”骤然坠落。媒体哗然，质疑莱特兄弟是骗子。民众亦争相奔走，讥笑这对兄弟的“不务正业”。事实上，人类的文明正因那次失败的试飞有了崭新的高度。人类就此迈入了“飞翔”的时代。

历史的长河因着无数人异想天开的梦想和实践泛起了波澜，甚至转变了流向。但在他们决定迈出第一步的时候，总会被嘲笑侮辱，劝阻打击。拿现今这些家喻户晓的创业家们来说，当他们决定做一件在大众看起来“很傻很天真”的事情的时候，只有他们自己知道，他们在做的其实是一件伟大的事情。

14 岁时，埃隆・马斯克最喜欢读的书是道格拉斯的《银河系漫游指南》。那时候的他对太空充满了幻想。长大后，他梦想着建造火箭，带领地球人移民火星，这无异于一个天方夜谭。然而没过几年，马斯克便创办了 Space X。当他充满自信地对外宣布“我觉得我们可以自己造火箭”的时候，媒体大肆嘲笑，家人朋友都以为他疯掉了。

为了买到一枚合适的洲际弹道导弹来运载火箭，马斯克不远万里跑去了俄罗斯。和俄罗斯那边一番交涉后，马斯克沮丧地发现，他的预算根本不够。大家都劝他放弃，马斯克却置之不理，反而一头扎入了航天工业知识的海洋中，潜心研究背后的物理原理。

2005 年 11 月，马斯克的第一只火箭“猎鹰一号”遭遇惨败。第二年，改良后的“猎鹰一号”被再次发射，谁知短短 24 秒后，火箭推进器引擎上方莫名失火，“猎鹰一号”狠狠坠落地面。Space X 的员工甚至开始哭泣起来。埃隆·马斯克却安慰他们说：“不要害怕，一切都会好起来的。”

接连的失败迎来的是大范围的攻击与嘲讽。马斯克顶住了这一切。2016 年 4 月 8 日，Space X“猎鹰九号”火箭第一次成功着陆。这个消息轰动了全球……

命运握在自己的手里，梦想挂在空中，而路在脚下。能梦得远大梦得灿烂，也要走得踏实走得坚定。瑰丽的梦想得靠深厚的才华撑起。

如果你的梦想不曾被人理解，也许是因为你从未试着将它坚持到底。而现今你的放弃只会为你带来多一次的嘲笑。为了曾夸下的“海口”逆流而上全力冲刺，就算摔倒姿势也得豪迈，就算摔倒也能赢得自我的心安和别人的尊重。

8. 给年轻人的建议：一定要有梦想

雷军说：“大学时代，我觉得我跟别人最大的不一样就是，我比他们更早地确立了人生的梦想，并且付出了实践。”

他曾给年轻人提过很多建议，最深入人心的还是那句真挚而朴实的话语——年轻人一定要有梦想。只要年轻人有梦想，国家就有梦想，世界才有未来。

当初的雷军，在看过那本让他念念不忘的《硅谷之火》后，便在心里立下了誓言："日后一定要干些惊天动地的事情，一定要做一个伟大的人。"这誓言历久弥新。正因那年的立志，他有了方向，有了生存的意义，他开始对未来充满想象。

1987 年，18 岁的雷军被武汉大学计算机学院录取。少年人的面容尤显稚嫩，眼神却闪着几分坚毅。武汉大学是雷军梦开始的地方，这段大学对他的人生影响巨大。其中发生的一件事情让他记忆犹新，可以说直接奠定了他梦想的基础。那一天，雷军正在图书馆里读书，一本名为《硅谷之火》的书引起了他的注意。这本书囊括了比尔·盖茨、乔布斯等创业英雄们的早年经历及创业传奇，讲了微软、苹果等世界级公司的崛起和现状。

年轻的雷军被震撼了，他第一次发现，原来世界如此广阔。《硅谷之火》燃起了雷军创业的热情，在他心里种下了梦想的种子。后来雷军说他深深地被乔布斯的故事吸引，他第一次树立了一个梦想："梦想写一套软件运行在全世界的每台电脑上。梦想创办一家全世界最牛的软件公司。"正因年轻的时候有梦，勇于追梦，才塑造了如今的雷军。

在春天播种，秋天才有收获。年轻人没有梦想是很可怕的事情，没有梦想就没有希望。爱因斯坦说，安逸和快乐从来不是生活本身的目的。年轻人沉溺于表面的安稳，不肯为梦想奋斗，便如流星划过夜空，哪怕燃起短暂的光芒，最终不知陨落何方。

我们生活在一个最好的时代里，也生活在一个最坏的时代里。因为这里欲望太多，而梦想太少。时代愈发浮华，社会就越需要梦想。年轻人尤其需要崇高的理想来隔绝诱惑，不断推动自己前进。梦想，是年轻人奋斗的源泉。

当年雷军从武大毕业后，凭着优异的成绩被分配去了北京近郊的一个研究所，做起了研究员的工作。拿到人生中第一份工资的时候，他还是很激动的。想不到自己第一个月的工资竟比工作多年的父亲的工资还要多出好几倍。同龄人很羡慕他的工作，体面，工资又高。而年轻的雷军在经历了最初的激动后，心里却泛起了淡淡的失落。

他时常想起《硅谷之火》前言里的那句话："我们该如何来描绘新的一天黎明时分的美丽景色呢?"如果说此时正处于他人生之中的黎明时期，他实在不愿意自己的视野被局限于这狭窄的研究所内。他心里有梦，他实在不愿意心中的热血逐渐在这稳定、烦琐的工作中冷却。当雷军梦想着在IT江湖里大显身手的时候，难得的机遇被他抓住了。

在一次计算机展览会上，雷军与金山创始人、"中国第一程序员"求伯君一见如故，相谈甚欢。后来，求伯君热情邀请雷军加盟金山。雷军稍有犹疑，便答应了这个邀请。年轻的雷军辞去了“高大上”的研究员工作，去金山当了一名普通的程序员。

一代又一代的年轻人披荆斩棘奋勇向前，是为了心中正痛快燃烧着的梦想的火炬。如果将岁月比作大海，梦想便是指引我们前行的灯塔。一时触礁一时搁浅，都是难免的事情。梦想却能令我们把稳住正确的航向。有梦想，才会不惧失败，不甘沉沦。

百度公司总裁张亚勤曾为微软公司服务 16 年，在 2013 年举行的博鳌亚洲论坛青年领袖圆桌会议上，他一直在强调的主题是“年轻人要有梦想，更要敢于大胆追梦”。为此他举了一个例子。那时候张亚勤正担任微软公司全球资深副总裁一职，他曾面试过一个名校大学生。面试的过程很顺利，对方的条件、专业都很符合招聘要求，包括谈吐、待人处世的经验都让张亚勤很满意。谁知后来那位大学生却出人意料地放弃了微软的 offer，选择去考公务员。

张亚勤至今谈起这件事情还很惋惜。那位名校毕业生在回绝他的时候说，考上公务员可以让他建立想要的人脉，拿到房子的补贴。在张亚勤看来，年轻人若觉得梦想不重要，做什么事情不重要，未来的发展不重要，眼前的利益才重要，那就太可怕了。当然，选择当公务员为公众服务很高尚，也无可指摘，但大学生一味为了所谓的稳定放弃梦想，放弃挑战，不得不说是件遗憾的事。

雷军、张亚勤这样的过来人最想告诉年轻人的是，人不能因为社会大环境的左右而失去梦想。没有梦想的年轻人如同行尸走肉，只能过着庸碌的人生。轻易被环境塑形，被环境改变，让梦想被环境粉碎，是每一个年轻人的噩梦。

大树与小草同长于一片阳光下，沐浴着同一片阳光，何以前者高耸入天，郁郁葱葱，后者匍匐在地，毫不起眼？也许一开始的时候大家都是野草，梦想却使得同一起跑线的人走向了不同的未来。纵观身边的同龄人：初入职场的他浑浑噩噩毫无方向，纵使年轻，身上却已沾染了中年人的“油腻”；目标坚定志向远大的他，永远清清爽爽精力充沛。

有梦想的人纵使迷路，也能开辟出新的捷径；而没有梦想的年轻人注定平庸。只是，你若将梦想变成买车买房的筹码，你的梦想迟早会因现实的压力而“变形”。美好的青春稍纵即逝，趁年华正好，朝着心中的梦想努力前进吧。

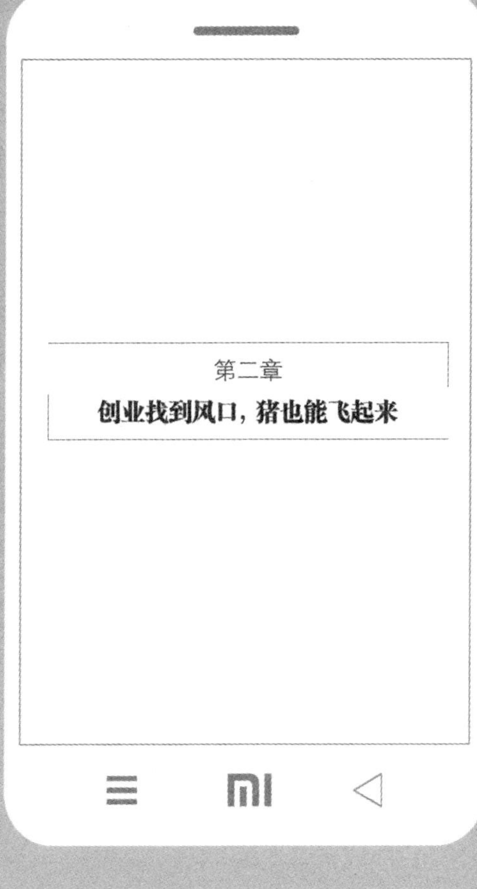

第二章

创业找到风口，猪也能飞起来

1. 瞄准吹得起猪的风口

2011 年的 5 月份，第一届真格基金留学生创业创新论坛在北京如期举行。那一阶段的雷军，最为人熟知的身份是天使投资人。论坛上他表示："今天是泡沫的市场，一头猪站在门口都能被吹起来，要找到吹得起猪的风口，而不是盲目地冲上去行动。"

"飞猪论"在江湖中流传已久。无数或成功或失败的创业者用行动直接证明了"飞猪论"的正确性。大学时期创办"三色"公司的失败经历让雷军彻底明白：创业不能盲目，瞄准吹得起猪的风口，比瞎冲瞎撞要有用得多。

42 岁那年，雷军及时抓住了智能手机的风口，组建团队创办小米。2011 年 8 月 16 日小米发布了第一款手机，国内手机市场便被半路杀入的小米彻底激活。从 2011 年至今，国内智能手机领域呈爆发式增长，让世界为之瞩目。但让业内人士忧心忡忡的是，行业"红海"似乎正以不可避免的趋势悄悄登陆。根据中国互联网信用研究院数据显示，2017 年，国内手机市场第一次出现全年负增长的情况。2018 年前两个月，手机出货量同比降低了四分之一。

雷军显然早已意识到智能手机的风口出现了“拐点”，他多次对公众表示，小米早已不再是一家移动互联网公司，它也是一家新零售公司。2017 年 11 月，雷军对外宣布，已渐趋完善的小米 IOT（物联网）正成为小米的“新生态”。

曾有专业人士分析说，或许雷军心中真正靠谱的风口预想是物联网。雷军明白，墨守成规会导致路越走越窄，想要让小米持续辉煌，就得积极拥抱下一个风口。

无论是做杀毒，做词霸，做网游，还是做卓越，做小米，雷军一直在“风口”下行动。“等风来”，是他的常态。他经历过多次转型，涉足过不同领域，绝大部分情况下都取得了成功。那是因为他一直在用这种特殊的“飞猪”思维领航全局。

“风口”意味着人生中的机遇。雷军的“飞猪论”无非是在告诉我们，有眼光的人才有未来，短视者只能迎来失败。在如今这个时代，社会竞争越发激烈，优秀的人才层出不穷，创业也变得比以前艰难得多。但若能凡事先人一步，看到别人看不到的地方，你就能走在时代的前沿，找到属于你自己的“风口”。

就算你出身平凡，既无人脉也无根基，若能高瞻远瞩，瞄准了风口，依然有成功的可能。毕竟连猪遇到风口都能飞起来。只要你的眼光足够深邃足够长远，你一定不会错过那股能让你真正飞起来的大风。

追寻“风口”不能盲目，就像你不能粗暴地看待时机。自以为机遇降临便一哄而上，甚至赌上全部身家的人非但不能成功，反而会成为时代的牺牲品。

相关数据显示，2015 年，全国大学毕业生人数再创历史新高，达到了 749 万，而就业形势却不容乐观。这种情形催生了很多大学生创业者。这些年轻的创业者纷纷将目光瞄准了外卖行业，仿佛找到了宝贵的“风口”。这其中确实有一些人抓住了难得的机遇，实现了创业的梦想。如今为人熟知的“饿了么”便是一个典型的成功案例。

饿了么 CEO 张旭豪的创业故事得从那个“风口”讲起。随着智能手机 APP 的普及，支付宝和微信逐渐进入大众的视野，线上支付慢慢变成一种生活方式。很多人敏锐地意识到，外卖行业正在变成一个难得的“风口”，一座有待挖掘的宝矿。当时的外卖方式还遵循着以前的规矩——打电话订餐，而订餐 APP 的涌现让外卖变得更加便捷。划划手机点点餐，然后坐等外卖员送餐上门，成了越来越多人的选择。

然而早在 2008 年，智能手机还没那么普遍的时候，还在上海交通大学机械与动力工程学院读硕士一年级的张旭豪，却先人一步地瞄准了外卖行业的风口。某一天晚上，他正一边打着游戏，一边和室友侃大山，突然感到一阵肚饿，便拿起了外卖号码打起了电话。张旭豪打了好几次，不是打不通就是不送。他当时有点沮丧，过后心里却冒出了一个大胆的想法。

张旭豪瞄准了外卖行业，召集了几个同学开始了创业。几年后，外卖的“风口”大举袭来。张旭豪的“饿了么”成为这场大风下的赢家之一。

然而，当外卖风口不再是秘密，被越来越多的人看到后，便有越来越多的人扎推涌进。其中很多是缺乏创业经验的大学生。盲目跟风的结果是，有些人不但没有趁着风口飞起来，反而被狠狠摔在地上。对此，雷军的建议是，无论是经验丰富的大企业还是单枪匹马的创业者，都不能盲目地将“热点”与风口画上等号。盲目追风等不来腾飞的机会。

也许你曾捶胸懊悔，不知道为什么错过风口的总是你。现今的社会变得越来越复杂多元，随着新信息新事物接踵而至，各种形式的风口也令人应接不暇。纵使你有想瞄准风口的心态，也早已失去了判断力。想要抓住风口，享受到珍贵的风口红利，就必须要保持清醒的头脑，不断修炼自己的眼光，力图看到最远处。

雷军说，瞄准创业的风口，猪也能飞上天。这句话是对风口能量最简洁有力的概括。行走在人生的道路上，也要学会借助风口的力量，来帮助自己获得想要的未来。这需要我们在每一次的风口来临之前，时刻保持敏锐的目光，在每一次的风口来临之后，及时地抓住机遇。瞄准风口，腾空而起、平步青云并非不可能，也许成功正潜伏在下一个路口。

2. 创业要在对的时间做对的事

“创业最最重要的是找到在正确的时间点做正确的事情这两个关键因素。如果把握了时机，成功会相对容易。”雷军如是说。

曾经的他，也曾错过对的时间和对的事情。这些经历最终让他总结出一条创业真理：创业要在对的时间做对的事。

创业得抓住这条真理，人生亦是如此。找到每一个正确的时间点，积极去做正确的事情，才能收获“一本万利”的结果。

1997 年，雷军已坐到金山软件公司高管的位置。当时国内盗版软件横行，对金山的良性发展带来了很大的隐患。这一阶段的金山需要钱去买“入场券”，为了把优质产品推向市场，最好的出路是找到一个实力强硬的硬件商合作。当联想集团找上门来，表示出强烈的投资意愿的时候，金山欣然同意。

1998 年 8 月，随着联想集团大笔资金的入股，金山公司重组，联想亦成为金山单一最大股东。这为联想集团对金山的决策制定、发展方向带来了最大的影响力。盘点“新金山”的目标规划，可以看出软件占有绝大部分的比例，而对互联网却鲜有提及。

随之而来的1999年是互联网创业最好的时机，是国内创业公司爆炸的黄金年代。金山可以说“完美”地错过了这一年。雷军对此很懊悔。

人们将1994年称为“中国互联网元年”。在那之前，金山的发展如日中天。在那之后，随着互联网创业纷纷兴起，金山却因错失这段对的时期，光芒逐渐暗淡。雷军作为亲历者，感悟甚深。后来他反思道：“中国古语说天时地利人和，运气就是天时，运气就是在对的时间做了对的事情。对的事情相对容易判断，而时间点无从琢磨，往往很多年过去了，回头来看的时候，才明白什么时候是最佳的时间点。”

“运气在于创业的时候选对了一个好的方向，‘撞’对了一个好的时间点。”雷军的话掷地有声。

不是每个人都拥有这样的“运气”。行走在漫漫人生路上，普通人大多欠缺那点眼光和嗅觉。经历多了才明白，想要达到事半功倍的效果，就得在对的时间做对的事情。

大部分成功的创业都是因为抓住了正确的时间，找到了正确的方向。正如爱情，在对的时间遇到对的人才有结果。一方面要求我们人生要有规划，每一阶段做好自己最重要的职责。只因人生的每一个时期都有具体的任务，学生时代就该努力学习，广泛积累，进入职场就该增值进阶，力争上游。工作的时候工作，休息的时候休息，凡事有条有理。

另一方面是说，要尽力踩准人生的“关键点”。新东方创始人俞敏洪花费两年时间写成一本励志书籍——《在对的时间做对的事》，引起年轻人争相传看。俞敏洪说想要成就自我，就得步步踩在人生的关键点上。创业不能一步登天，你的眼光不能只盯着眼前的“仪表盘”，而要放长远，找到路途中那个关键的时间点，找到可以入手的正确的事情。

创新工场董事长兼首席执行官李开复曾在2011年的中国互联网大会上说，这几年电子商务和移动互联网的崛起意味着又一个黄金创业期已到来，创业者只有把握住这段良好时机，在正确的时间做正确的事情，才能赢得更美好的未来。

蓝港互动集团创始人王峰对此深有体会。2007年3月，王峰创办蓝港互动，他在业内有个雅称：“最有故事的游戏人”。只因他曾亲身经历中国游戏行业从端游、页游转型到移动游戏的这三个时代。他成功抓住了每一段对的时间，做了对的事情。

王峰是雷军的老部下，创业之前在金山做过10年。2003年是杀毒软件如日中天的一年，雷军却让王峰放下杀毒软件去做网络游戏。这个决定无疑很睿智，直接改变了王峰的人生。2007年他出走金山创办蓝港互动，到了2009年下半年，王峰明显感觉到PC市场已经接近饱和，再做端游可能已经有些不合时宜。正如李开复而言，那几年移动互联网蓄势待发，对于创业者们来说，最重要的是抓住这个正确的时期。

王峰没有理会旁人的非议，接连放弃了端游和页游，大胆尝试着将 PC 端的游戏原型移植到移动端。事后他庆幸道，蓝港之所以能够活跃到今天，是因为他们抓住了页游转型和手游爆发的两年关键时期。王峰将自己的人生经历总结为：屌丝逆袭。他说，若当初错失了对的时间和对的事情，他不可能轻易得到想要的成功。

雷军总是强调，创业虽然是跳悬崖，却也不是脑门一热便往前冲。创业需要超越常人的勇气，也要有百里挑一的眼光。所以雷军说："对于一般的企业家来说，只要大家在这个行业里有一定的经验，做对的事情是很容易判断的。但是，在对的时间点做对的事情是很难的。"

把握正确的时间，找到正确的目标，需要我们对自己，对身边的环境，对未来的方向有着清醒的认识。只要找到那个对的时间，及时去做对的事情，梦想中的未来就会离你越来越近。

3. 把握大势比"勤奋"要重要得多

雷军坦言："创业者都非常勤奋和努力，而真正成功的人寥寥无几。从"死人"堆里爬出来的成功者，很少有人觉得是因为自己更勤奋或者更聪明。"他甚至无比诚恳地说道："勤奋、努力误导了无数的年轻人。"在他眼里，把握大势比"勤奋"要重要得多。

雷军说他最烦做创业导师，就创业这件事情来说，没有人能够做导师，每一个创业者都走过数不清的弯路，犯过无数的错误。而他雷军将这条路走到最后才恍然大悟，没有效率的“勤奋”、“努力”还不如直接偷懒来得痛快。创业想要成功，就得将大势牢牢握在手中，假模假样的勤奋和没有抓住窍门的努力容易骗过别人，却骗不过自己。

2011 年 8 月 16 日，小米的首次发布会如期举行。雷军待在发布会旁一个不起眼的咖啡馆里，内心颇有点紧张。就在同一天，谷歌收购摩托罗拉的消息轰动了互联网。雷军想，完了，小米的头条泡汤了。

2018 年 5 月 8 日，小米 MIX 2S 艺术特别版公开向外发布。这款小米新产品引来了媒体的疯狂报道。多年过去了，小米不再有“头条危机”，它已化身为优质国产产品的翘楚之一。

雷军在北京大学的演讲中说，小米的成功 80% 靠把握大势。在同期很多创业公司喊着口号，要以勤奋换明天的时候，雷军和他的伙伴们却很低调。他们正在这股愈演愈烈的大势下悄悄布局。

曾经，苹果带动起智能手机的浪潮，而诺基亚的陨落却标志着一个时代的结束。智能手机兴起于 2002 年，爆发于 2005 年，而 2007 年 iOS 的诞生进一步推动了新时代的到来。在这股大势下，雷军率领着一个创业时间只有三四年的公司，创造了一个全球奇迹。而没有及时把握住这股大势的诺基亚，却被后浪拍死在了沙滩上。

把握大势，才能谋好大事。雷军说："我相信过很多东西，比如聪明加勤奋天下无敌。但 40 岁时发现，1% 的灵感超过了 99% 的汗水。主流教育告诫大家要勤奋，我觉得勤奋是基本功，重点还是要把握大势。"

勤奋是必要的，却不是主要的。几年前曾有一个"10000 小时成就天才"的说法很流行。意思是说，10 年，10000 个小时的扎根、练习，足以让你成为一个领域的天才。这个说法表面上看很有道理，却经不起深层次的分析。你身边一定有着这样的人，他们努力地学写作，打游戏，坚持了很多年，也没见他们成为天才作家或拿过一次游戏竞技赛的冠军。

当你简单地，甚至只是"粗暴"地重复去做某一件事情的时候，哪怕你耗费了一万个小时，将它重复了一万次，你也不会在此之后摇身一变成为天才。当你以为所有形式的勤奋与努力都能带来回报的时候，你离成功却越来越远。低质量的、毫无目的的勤奋比懒惰还要可怕。想要成为某个领域内的大拿，把握大势比盲目的勤奋要重要得多。

诺基亚是曾经的"芬兰神话"，是整个北欧的骄傲。从 2007 至 2011 这几年间，诺基亚努力研究人种学，极其细致地划分市场，为此不惜投入大量的资金和时间。当时的诺基亚有超过一千多种型号，如此的勤奋与用心，还是敌不过把握了智能手机大势的苹果。

俞敏洪曾和投行界声名显赫的盛希泰组成"洪泰帮"，

创立了洪泰基金。盛希泰被人称为“证券少帅”，睿智冷静又极富眼光的他曾说过：“势对于成功很重要，势是道，其他都是术。”

和很多成功的企业家一样，盛希泰将过去的成功归纳于自己对于大势的把握上，“势”对于创业的重要性不言而喻。

很多年以前，盛希泰提着行李来到深圳，经过短暂的迷茫后，他一头扎入金融市场。鲜有人知道，他曾学过八年会计，成绩优异经验丰富，然而毕业后的盛希泰并未走上预期的道路。他选择以证券公司作为奋斗的起点，是因为他敏锐地意识到了这个市场现在以及未来有无限的可能性。他知道，先抓住时代大势，有目标有计划地去努力，才能更快地冒出头。果然，抓住了中国资本市场爆发大势的盛希泰，成为时代的弄潮儿。

2012 年，在证券市场创下显赫成就的盛希泰急流勇退，毅然辞职。蛰伏几年后，2014 年 11 月，盛希泰重新出山，和俞敏洪合作创立洪泰基金。选择复出，是因为他再一次看到了时代大势。他曾感叹道，当前“创业大潮的迅猛澎湃程度远远超过 90 年代深圳的证券大潮。”

可以说，在做出小米之前，雷军的人生也很成功。但直到做出小米之后，他才有机会像马云、马化腾、李彦宏一样进入了更多普通人的视野，中国互联网历史上他的名字才变得更加特殊。让雷军纠结的是，他明明是“BAT 三巨头”的前辈，入行时间早资历老，工作起来恨不得分秒必争废寝忘食，却因为错过了曾经的互联网创业大势，被这些后起之秀们抛在了身后。他心里确实有点失衡。

后来，时间一再向他证明，把握大势比他曾经无比推崇的“勤奋”要重要得多。对我们普通人而言，这无疑也是一个需要时刻铭记在心的道理。低质量的勤奋只会让你陷入越努力越失败的怪圈，眼明手快抓住大势才有可能先人一步地获得成功。

4. 当机遇来临，要勇敢抓住

雷军曾说，创业成功就看你能不能把握住那1%的机会，这才是创业旅途中最大的考验。

成功的机会本来就稀少而珍贵，当它降临在你身边的时候，你是否能够及时抓住？大多数人总是不够勇敢，迟疑害怕不敢上前。当他们看清这原来是个逆袭人生的大好机会的时候，煮熟的鸭子早飞了。

网上有人调侃说，原来雷军曾有两次成为世界首富的机会，可惜的是他没有勇敢抓住。

1998年，马云创办中国黄页，为了拉到投资，他直奔金山一路“闯”入雷军的办公室。滔滔不绝的马云让雷军有点反感，他不但无情地拒绝了马云，还对身边的人吐槽说这个人满嘴跑火车，说不定做过传销。后来马云用“六分钟”搞定了软银的孙正义，而软银也用2000万的投资收获了阿里巴巴近600亿美元的回报。多年后，马云登上首富宝座，阿里帝国一度有望攀登世界第五大经济体。

1999年，马化腾联系雷军，想将正深陷于危机之中的腾讯公司卖给雷军，他开价100万元。雷军因为当时很忙便拒绝了马化腾的见面邀约，就这样他错过了如今越来越有影响力的腾讯。

接连与“BAT”三巨头中的阿里与腾讯擦身而过，不能不说是一种遗憾。雷军也曾有过后悔，后悔机遇来时，他没有及时向前一步抓住。只因那时的雷军坚守在金山岗位上，对互联网浪潮信心不足，没有足够的勇气迈出这一步。

电影《死亡诗社》中有一段很经典的台词：“我步入丛林，开始创业，因为我希望活得深刻，吸取生命中所有的精华。把非生命的一切都击溃，担忧，拘谨，小气都击败。以免当我总结生命，发现自己从没有活过。”面对创业或者生命中的其他事情，勇气必不可缺。机遇来时畏畏缩缩，少了向前一步的勇气，你的起点再高也就止步于此了。

雷军在2017年为小米提出了一个“小目标”：争取营收过千亿。除此外，雷军还想将小米之家开到200家。尽管截止到2016年底，小米之家只开了51家。雷军却豪气十足地表示，200家只是2017年的小目标而已，三年内他要让小米之家开满1000家。

雷军并没有简单地将小米定位为一家手机公司。未来千变万化，哪条路上都有机遇。他知道，一旦满足于过去的成绩，不想改变不敢改变，小米的路就会被堵死。根据沃尔玛和无印良品商业模式的启示，雷军似乎嗅到了不同以往的商机。于是，他勇敢地选择了出击。

结果显示，这几年小米线下的扩张比雷军想象的还要迅速，而业绩更是惊人。雷军曾对外公布过小米之家的数据，平均在 200 平方米左右的小米之家的年均营业额最高能达到 7000 多万元。到了 2018 年 2 月，小米总裁林斌在微博发布喜讯称：小米之家当月销售额突破 10 亿。这个数据震惊了当初怀疑过雷军决策的人。

如今这个社会信息高度透明，雷军“猪站在风口上也能飞起来”的言论被传到了互联网的每个角落。这几年，雷军逮着机会就为他的“风口论”正名。雷军反复解释说，他绝对不是一个投机主义者，他只是一只有幸抓住了机遇的猪而已。而他的“风口论”只是在强调机遇的重要性。当机遇来临，只有勇敢抓住才能让你的人生华丽逆袭。

陌陌创始人唐岩曾略带几分痞气地说：“不要被那些东西吓倒，那帮人动不动就跟大学生说创业失败率 99%。哪怕你是万分之一，其他人失败了跟我有什么关系啊？我也是第一次创业，之前都被这帮人吓唬，也不知道他们确实是这样子还是喜欢吓唬人，把过程描述得那样艰难，一个出租屋，几箱方便面，打个赤膊，放个风扇，72 小时不睡觉。我们都没体会。”

唐岩口中的那帮人，指的是那帮大名鼎鼎的创业前辈。而唐岩的“任性”是出了名的。曾几何时，在别人眼里，他就是一个天不怕地不怕的湖南小痞子。正是这样一个胆识过人的小痞子，抓住了宝贵的机遇，跃身为身家显赫的 CEO，年轻人眼里的创业偶像。

2011 年 3 月，唐岩创立陌陌科技。唐岩将全部身家都投了进去，他想失败了大不了再试一次。唐岩心里没底，甚至做好了卖房子的打算。他的勇敢让他及时抓住了机遇。随着 2014 年“互联网 +”的火爆，中国创业进入黄金时代。那一年，“陌陌”的用户首次过亿。到了 12 月 11 日，创立仅仅三年的陌陌高调登陆纳斯达克。一夜之间，唐岩的身家飙升到几十亿。

唐岩的勇敢让人印象深刻，这一路他都不曾退缩，只顾着迎头撞上机遇。

机遇是一个人成功的先决条件。当机遇向人们靠拢，很多人都会惊疑不定，不敢伸出手去与它相碰。一方面是因为我们对自己不够自信，极其害怕作出改变；另一方面是因为机遇中往往隐藏着很多不确定的因素，当你对失败的恐惧超过了对成功的渴望，自然不敢截获这从天而降的惊喜。

普通人的心理大多类似，成功的人却有着另一套思维方式。他们总喜欢挑战未知的领域，总能够勇敢抓住不可复得的机遇。

罗曼·罗兰说：“生命过去了，一个机遇不会出现两次。

必须当机立断，否则永远别要。”失去一个机会，意味着失去了另一种人生的可能。你一生中也许只有一两次能够站在命运的交叉口，有资格作出选择。勇敢抓住属于你的机遇吧，不要浪费。

5. 成功的真谛是顺势而为

雷军在接受采访的时候说，他在看过这么多成败后，觉得最重要的还是顺势而为，它听起来不够有情怀，不够有英雄气概，但它是成功的真谛。

古人总说，君子要谋势而动，乘势而上，顺势而为，其实讲的是一个既简单又复杂的生活哲学。创业多年的雷军深谙此类哲学。顺势而为是雷军的“终极反思”，这种思想也贯穿了他的整个创业过程。

像雷军这般历经沧桑深具智慧的人，为了获得更大的成就，一定会把纵横自如顺势而为放在第一位。在时机还未到来之前，他们会像鱼一样潜伏海底，一边积蓄实力，一边暗暗观察岸上的动静。一旦机遇降临，他们又像鹰一般主动出击，用尖喙和利爪猛烈地攻击敌人，赢取猎物。正如雷军所说，不同时机要采取不同的应对方式，顺势而为方有作为，逆势而上只会迎来惨痛的打击。

让雷军最终明白“顺势而为”的真正含义的，是金山。

那一年，雷军27岁。中国民资软件企业的龙头老大金山因着微软和盗版软件的夹击，早已不复往日的辉煌。到了1996年，金山摇摇欲坠，几乎关门大吉。27岁的雷军还秉持着一个程序员的思维，他决定坚守WPS。

彼时，外界的互联网创业正轰轰烈烈地展开。年轻的雷军对此视而不见，他将金山内部所有的优秀人才聚集在一起，集中资源开发WPS。这个决策几乎压得金山喘不过气来。雷军后来回忆说，那时就像背了一个巨大的包袱跋涉在长征的道路上。

2007年，在雷军的推动下，金山成功上了市，一尝多年夙愿。不久后，雷军告别了金山岁月。谈及当年的决定，他很内疚。“那个决定是我10多年做出来的。后来我反复复盘，假如我们不做（WPS）呢?”如果不做，今天的金山可能会有更大的成就。

那一次的逆势而上让雷军获得了一个惨痛的教训，更让他第一次知道了“顺势而为”的重要性。

所谓“智者顺时而谋，愚者逆千里而动”。时势造英雄，诸葛亮顺应天下大势，毅然出山，随着刘备南征北战，才没有将智慧与抱负浪费在那简陋的草屋中。聪明人总能够依附所谓的“现实趋势”适当调整人生的方向，而普通人却连身处机遇之中也不自知。

成功的真谛是顺势而为，懂得乘势而上的创业者，必能创下辉煌的事业。

雷军曾向身边的朋友大力推荐过一本叫作《异类》的书。该书用一个案例将成功的某个必要条件诠释得淋漓尽致。作者将加拿大的冰球队过去五年的获奖名单一一列出，先让读者去寻找规律。雷军说他反反复复看了好几遍，也没看出这里面的门道。最后作者将自己的研究心得和盘托出，雷军才恍然大悟。

作者说，在这份名单中，4 月份以后出生的人一个也没有。也就是说加拿大冰球队连续五年的冠军都出生于 4 月份之前。这和加拿大冰球队的少年队入选标准有关，在选拔的那一年，只有 1 月 1 日满 9 岁的人才可以获得中选名额。如果你出生于 1 月份意味着你快 10 岁了。如果你的生日在 12 月份，算起来才 9 岁。

在冰球的赛场上，体能尤其重要。10 岁小孩的体能比 9 岁的小孩要好，这就决定了后者一定会被淘汰。这样一层层选拔下来，哪怕你天资出众，经验充足，只要你出生于 4 月份之后，你就与这个赛场无缘。

成功取决于很多条件，哪怕你的一切都很完美，忘了“顺势而为”的法则，或者错过了时代大势，注定你与成功无缘。看完《异类》这本书，雷军内心很惆怅。当时代浪潮席卷而来的时候，个人只能选择去依附，顺势而为才有出路。如果你是这股浪潮中的异类，或者说，你没能等来属于自己的时代浪潮，只能落得一个遗憾的结局。

雷军曾在微博上写道：“1999 年 1 月，我在金山内部设立一个小团队做卓越下载站，后来转型做电商。2000 年 5 月，创立一个新公司叫卓越网，最初定位网上第一音像店，很快扩展到图书等，成为了国内领先的电商公司。2004 年 9 月受资金压力出售给亚马逊。今天，卓越亚马逊正式改名为亚马逊中国。谢谢当年的创业伙伴。”

他用平静的语气将他创办卓越网的来龙去脉说得十分清晰，字里行间无不显示出他对创业伙伴们的感谢和对卓越网最终结局的惋惜。卓越网是一个伟大的构想，当初如果能够做成功，成长到今天，也会是一个奇迹。遗憾的是，当时的大环境很糟糕。那段时间里，国内的互联网陷入了寒冬，迟迟不见春天的到来。

与雷军一起创办卓越网的陈年回忆说：“互联网低谷时期，从事互联网的人就像箱子里的老鼠，来回奔波，寻找出路。”互联网的大风吹不起来，卓越网越来越艰难，最终，雷军选择了“净身出户”，将卓越网卖给亚马逊。

试想，如果当初雷军赶上了属于他的时代浪潮，卓越网的结局定会有所不同。

创办卓越网的经历给了雷军诸多启示，后来他在做小米的时候，始终在强调的一个关键词是“顺势而为”。顺势而为便能事半功倍，若是在大环境不太理想的情况下懵懵懂懂展开创业，很大的可能性是蛋打鸡飞。

在很多人眼里，“顺势而为”似乎不是一个褒义词。它总带着点投机取巧、随波逐流抑或顺风转舵的意味。实际上，雷军说的“顺势而为”是在告诉我们做人要与时俱进，在时代形势的引领下前进。拥有不俗眼力的人能游刃有余，因势应变，乘着时代的飓风自由驰骋。

6. 要顺应外势，也要顺应内在能动趋势

雷军说顺势而为，说的不只是要顺应时代变化抑或社会发展的趋势，也要顺应内在能动趋势。对于前者来说，投身大势，才能水涨船高，伴随行业前进的浪头一步登天。对于后者来说，想要瞄准风口，先得逐步培养自己内在的能力，积蓄力量，掌握资源，让自我的才华能够配得上这股大势。

顺势而为，不仅要顺应“外势”，也要顺应“内势”。雷军一直强调，创业需要谨慎，选择了创业，就是选择了一个充满挑战的人生。只因创业的失败率极高，机遇更是难得。当有一天，时代的风口将你卷到空中，如果你没有积累起足够的实力，反而会摔得愈发惨烈。

2010 年 4 月，小米公司完成注册。雷军领着创业团队搬入中关村银谷大厦的办公室。那一天，小米创始人之一黎万强的父亲用电饭锅煮了一大锅小米粥，送去小米公司。雷军为每个人都盛了一碗。等大家默默喝完粥，雷军握着拳头宣布：奋斗的岁月开始了！

大家作好了吃苦的准备。在超强度的工作压力下，雷军

和小伙伴们用了一年多的时间创立了 MIUI 每周更新的互联网开发模式，后者以极短的速度聚集了超过 50 万的小米发烧友。经过一番死磕，小米和全球数百家顶级元器件供应商展开了合作。

准备工作完成后，小米强势杀入市场，第一代小米很快便被抢购一空。

小米能腾空而起一飞冲天，不仅仅是因为顺应了智能手机的风口，更是顺应了内在的能动趋势

正如雷军所说："只有经历过，才能真正懂得。"创办小米，雷军选择的是"硬件 + 软件 + 互联网"的"铁人三项"之路。对于一个企业来说，做好硬件是一件很难的事。想在此基础上将软件和互联网也做得出色，更是难上加难。但雷军心里清楚，如果不去顺应内在的能动趋势，不积极修炼实力，不及时积蓄能量，在时代的大风刮起来之前小米就已经死了。

只顾大势，而忽略内在能动趋势的人哪怕躺在风口上也飞不起来。

雷军鼓励我们去顺应内在能动趋势，其实是在提点我们，机遇来临之前要默默积蓄实力，不断提升自己。非洲草原上生长着一种叫"尖毛草"的植物，在很长一段时间里，它几乎是草原上最矮的草。贴着地面只有一寸高，看起来毫不起眼。然而半年后，只需一场磅礴大雨，默默无闻的尖毛草便会焕发新生。它以令人惊异的速度向上蹿升着，只用了

短短两三天的时间便长到了一两米高。

这是因为在这半年时间里，尖毛草努力将根茎向下深扎了二三十米。人们只看到了它渺小的样子，却没看到它地底下的努力。尖毛草一边慢慢积蓄着能量，一边默默扎稳根基，等到那场大雨一来，它立刻便有了出头的机会。

非洲尖毛草的故事和人生何其相似。起跑线大体相同的两个人，当其中一个人浮躁虚荣、贪图享乐的时候，另一个人却在默默积蓄力量。他一边广泛涉猎积极，开阔眼界，一边主动去丰富知识结构，努力提升工作技能。当时代的大风席卷而来，后者自然能够脱颖而出，崭露头角。而前者通常只会惯性地去抱怨时运不济命运无情，却看不到自身的缺陷。

顺应外势，也要顺应内在能动趋势。眼睛一味只盯着外面的风向，而不重视修炼自身能力的人是投机倒把分子。这样的人就算撞上了风口红利，这幸运也不会太长久。

当初，面对外界“机会主义者”的评价，雷军不屑一顾：“你见过一个27年永远在IT潮头的机会主义者吗?”小米腾飞不是凭空而起，在那之前它可能默默走过了“十万八千里”，你却只看到了那最后一步。

20年前，没有人将迈克尔·戴尔和他的戴尔公司当回事。到了今天，闻名全球的比尔·盖茨会坐专机前来，与戴尔进行亲密会谈。他的“朋友圈”里都是声名显赫的人物。早在2000年，《财富》便称戴尔是世界上最年轻的富翁之一。放眼全球计算机业，戴尔是当之无愧的最会赚钱的天才。戴尔的成功，与席卷全球的计算机浪潮有着密不可分的关系。当初刚上大学一年级的他投资了1000美元，以自己的名字成立了戴尔公司，不久就大获成功。

一开始人们会说，这个19岁的小鬼只不过是有幸尝到了时代大势的甜头而已。然而事实证明，不是哪一个年轻人都能牢牢抓住这幸运，走得如他一般稳固与长远。当其他的孩子都还处于懵懵懂懂的青春期的时候，年幼的他却对生意场产生了浓厚的兴趣。从那时候开始，他一直如饥似渴地积累着相关知识和经验，并多次展开实践。12岁那年，第一次创业让他赚到了2000美元。

初中时，戴尔拥有了一台苹果电脑。他热切地学习着跟电脑有关的所有知识。平时的积累让他发现了一个商机——电脑的售价和利润太不规范。一台很贵的IBM个人电脑，零部件却很便宜。想通了这个道理后，戴尔立马用业余卖报纸存下的工资购买电脑零部件，尝试着去改装电脑，再卖掉赚钱。几年下来，他对电脑的一切都了如指掌。当计算机浪潮愈演愈烈的时候，早已作好准备的19岁的戴尔迎面而上，稳稳地接住了这挑战。

在雷军看来，创业不能没有耐心。只看重外势，不顺应内在能动趋势的人成不了大事。正如他所说："起来得容易，输得也快。"

机遇从来只会垂青于那些根基稳固、深厚而又勤奋踏实、积极进取的人。顺应内在能动趋势，是要我们在平日里便能以端正努力的态度练就过硬的本领，这样才能在机遇来临时脱颖而出。无论处于怎样的工作岗位，都要学着不露声色地提升自己，悄无声息地积聚能量，默默累积着能够一展才华与抱负的雄厚资本。

要像尖毛草一样将根茎深扎，等到时机一来，便能大放光彩。

7. 要埋头苦干，也要抬头看路

在2017亚布力中国企业家论坛第十七届年会上，雷军发言称："在我们默默耕耘做企业的时候，任何时候都不要忘记抬头看路。当一个历史性的机遇扑面而来时，拥抱机遇，拥抱变化，是一个企业家最重要的事。"

他解释说，在过往漫长的创业旅程中，以前他相信要"稳打稳扎、步步为营、厚积薄发"。但在做了这么多年后，他开始觉得"不仅要埋头拉车，更要抬头看路，关键问题是要把这两者有效地结合在一起"。

对于创业者来说，"低头拉车"修炼的是基本功。只有低下头来，才能看清脚下的路，不至于被绊倒跌倒；只有弯下腰去，才能全力以赴把车拉好。不时地抬头看路，能让我们及时发现外部环境的变化、有效规避风险。经常抬头看路，才能明白我们离未来近了一步又一步，自信便由此而生。雷军说，当两者完美结合，才能走得稳固。

2015 年一开始，雷军率领的小米隐隐有成为中国智能手机市场主宰的趋势。那一年，小米埋头苦干，接连推出新产品、新计划，“摩拳擦掌”准备与苹果、三星、谷歌等世界级企业一较高下。刚完成新一轮融资的小米，估值达到 450 亿美元。

面对一派大好景象，雷军却始终保持着冷静的心态。能够迅速打出知名度、包括高度增长的销量对于小米来说是难得的好事，但雷军明白，现在还不到掉以轻心的时候，任何问题都有可能出现。果然，18 个月后，小米的发展陷入了停滞。

雷军没有过多惊慌，他早已有这样的准备。

当销售额大减，离原先的目标越来越远的时候，小米上下人心惶惶。外界甚至断言，小米的奇迹已经陨落。雷军不允许自己过多焦虑，他是最高决策者，他得眼观六路耳听八方。雷军的合作伙伴说，遇到问题，雷军会先顶住，把局面稳下来，然后找到问题一个个解决。这一次，雷军亲身上阵去抓手机业务，他主要负责交付、创新和质量。“低头拉车”的时候，雷军对未来的路却又心如明镜。但凡身边的人稍有松懈，雷军便会安慰他们，调整需要时间，必须得经过几代产品的迭代。

2017 年初，雷军突然意识到“补课补得差不多了”。果然，不久后，小米强势回归。

难怪有人说，雷军是一个不会忘记抬头看路的人，他永远在思考10年后的小米是一家怎样的公司，而他雷军又会以什么样的方式被书写在中国的互联网创业史上。

创业者们要埋头苦干，也不要忘了及时抬头看路。能够做到这一点，你便能及时规避路上的风险、把控前进的方向，哪怕遭遇困难也会成竹在胸不慌不忙，陷入谷底也能握住机遇绝地反弹。胸怀大志的创业者必定“腹有良谋”。“志”是你的方向；“谋”，是你的方法。若忘了抬头看路，哪怕将“车”辛苦地拉上一辈子，也到达不了目的地。

1987年，某个夏日午后，天气闷热无比，宗庆后骑着一辆破旧的自行车穿过杭州的小巷。他身上揣着四处借来的沉甸甸的14万元人民币，准备用这钱去买下一家连年亏损的校办工厂。每逢提起创业往事，宗庆后都感触良多。他对记者说，借来的钱他不敢乱花，只用了几万元粉刷了一下工厂墙壁，在一间小办公桌里摆上几张桌椅，就这么开张了。

宗庆后雇了几个员工，主要做代销冰棍、汽水等业务。有时候他也会批发点作业本、稿纸，专门卖给学生。“一根冰棍4分钱，卖一根只赚几厘钱。”多年后，宗庆后笑着说。然而那时候的他却很满足。为了多赚点钱，他会顶风冒雨地亲自给客户送货。

在这行有了点资历后，宗庆后开始为别的商家代加工产品。他整整忙活了一年，年底一算账，惊喜地发现赚的钱居然能够还上当初借的那笔巨款了，这让他干劲十足。然而随着钱越赚越多，宗庆后心里却越来越发虚。每当他听到别人创业成功的消息，总会想到自己。在他看来，他的工厂若始终只做加工业务，而没有自己的产品，终究不是长远之计。

1989 年，宗庆后不顾家人的劝阻，将创业积攒的资金一股脑儿投入哇哈哈儿童营养液的研发中。两年后，他做了一件更大胆的事情——接手国营老厂杭州罐头食品厂，成立哇哈哈食品集团公司。

宗庆后以卖冰棍起家，那些年他风里来雨里去只为多赚点利润，这种实干精神是他成功的基础。然而，当宗庆后明白再这么做下去他永远只能当个小老板的时候，他决定要不惜一切代价研发自己的产品。这让他的事业迎来了质的飞跃。

推磨盘的驴肩负重物，低着头全力向前，忙活了一辈子却始终站在原地转圈。想要把握方向、规避风险、提升效率就得及时目视前方，积极抬头看路。

8. 一切决策都是在为未来服务

雷军说，在不远的未来，中国品牌会成为世界品牌。而他目前所作的一切决策都是在为这个未来服务。

今天所作的每一个决定都会对未来产生不可预估的影响。正如雷军所说："看五年，想三年，认认真真做好一两年。"创业者只有看到别人看不到的未来，才能寻得风口，一举改变目前的境遇。

2017 年，小米进入西班牙市场，这是它在西欧开辟的第一个市场。就在同一年 11 月，中国版权协会主办了第三期远集坊讲坛，雷军作为主讲嘉宾，着重提到的话题是未来。

面对观众们热切的目光，他说，越看全球市场和产业变化，便越觉得未来 10 年都属于中国。曾经，低品质低口碑的国货是国人心中之殇，而“再过 10 年、20 年，中国所有的国货都将崛起”。小米的未来便是“新国货”的未来。进军西班牙市场后，小米一直计划着在 2018 年底或是 2019 年初正式进入美国市场。2018 年 2 月，在小米年会上，雷军提出，不能只满足于目前取得的成就，小米国际业务才刚刚开始展开而已。纵观全球市场版图，足够小米征战驰骋的空白地盘还有很多。雷军强调，2018 年，小米要派出更多的人才，挤出更多的时间和资金去开疆扩土。

雷军看重未来，在追逐一个又一个风口的过程中，他所作的一切决策都是在为未来服务。

小米虽然在国内市场创下了辉煌战绩，雷军却并未满足，他很早便将目光投向了海外。当时，国货还没完全赢得国人认可，想要漂洋过海征战国际市场的雷军，在外界眼里是个大胆的冒进者。事实上，过去几年，小米的国际化道路进行得十分顺利，堪称一路高歌猛进。

雷军说，为未来投入再多也不算多。截至目前，已经有 70 多个国家和地区的市场出现了小米的身影，全世界的

“米粉”越来越多。如果当初雷军没有“一意孤行”地押重注于未来，小米不会有今天。

雷军曾断言，想要成为下一个马云，下一个李彦宏，或下一个他自己，最关键的一点是得看准未来十年的趋势。寻找最有挑战性的道路，去最肥的市场。

创业者在作决策的时候不仅要着眼于当前的市场变化，更要结合未来的市场需求。每作一个决定，都要想想它是否有利于未来的发展。

如果只满足于小市场，再折腾也无法成功。只因小池塘里养不了大鱼。

聪明的人总不乏远见卓识，和敢于押上今天的荣耀和资本去赌未来的勇气。对于一个渴望成功的人来说，若不能做到将目光放长远，积极畅想未来押重注于未来，若不能勇敢放弃眼前的安稳，努力闯入更广阔的舞台，只能说你对成功的渴望远远没有你所想象的强烈。

在这个世界上，穷人大多毫无远见、毫无进取之心。能够赚取财富的人通常有着极强的预见能力。

1989 年，史玉柱立下了一个豪迈的誓言：“如果下海失败，我就跳海。”那年他 27 岁，已坐上统计局处级干部的位置，年轻的他看起来前途不可限量。然而那一年，他却突然决定辞职下海。旁人为他惋惜，史玉柱自己却明白，他放着稳稳当当的“官”不做，不过是看中了互联网不可限量的未来。他宁愿牺牲此刻的稳定与富足去换取他想要的未来。

1991 年，史玉柱成立巨人公司，在沉浮不定惊险不断的旅途中成就了属于自己的传奇人生。

当初的杭州青年马云心中有着一个相同的执念：赌上现在押未来。所以他放着好好的老师不做，四处奔波推销一手创办的中国黄页，甚至一度去北京当了北漂。

1995 年年末，资深媒体人孙燕君邀约多家媒体领导，聚集在一个餐厅里听马云讲互联网。然而当晚没有一个人将他的话当回事，没有人相信民营公司能够做大网络。那晚后不久，中国黄页合资失败，马云的北漂之旅宣告结束。让所有人吃惊的是，他回到杭州后，很快便重新振作起来。马云筹集了 50 万元人民币，作为启动资金开创了阿里巴巴。他将拥有的一切都赌在了“B2B”的未来上，尽管“B2B”在当时被普遍认为是一个没有未来的行业。

人生是一场投资，如果你只在意眼前的利益，就会错过未来的精彩。未来总被一股无形的力量推动着前进，这股力量，可能是你的自信，可能是你的果断，可能是你的坚持。但若毫无远见能力，你的自信果断坚持便也不复存在，你想要的未来便也会停滞在平庸的现在。

俗话说，站得高看得远，遇到工作或者生活中的各类问题，得站在更高的角度去处理，不要仅仅纠结于琐碎小事。眼界决定境界，广泛涉猎新知识，积极拥抱新领域，长久下来对事物的判断就会变得更加准确。你还要尝试着改变你的思维方式，遇到难题尝试着去纵深思考，反向思考。

第三章

专注脚下的路，逼死别人逼疯自己

1. 专注塑造口碑，“偏执狂”的生存之道

雷军曾总结过十条创业经验，其中一条简洁明了而又铿锵有力，那就是“专注专注再专注”。用极致的专注来塑造口碑，用极致的专注赢取市场与人心，是如雷军这般“偏执狂”的生存之道。技术出身的雷军，对待产品的态度犹如一个“偏执狂”，而他这种一丝不苟精益求精的“偏执”精神，让无数米粉们深感敬佩。

成功的人都是偏执狂，他们能把那种心无旁骛的专注持续到最后一刻。而那种无论何时何地、面对何种境遇都将“认真你就输了”挂在嘴边的人，永远只能在原地打转。创业不需要油嘴滑舌的人，创业成功需要你的认真、执着、痴迷乃至偏执，以一心一意的专注来应对逆境与坦途，来处理所有你能遇到的大小事宜。

雷军一直在用专注来筑造小米的辉煌之路，用偏执来描绘小米的未来蓝图，这是他的生存之道，也是他的人格魅力。

雷军的“偏执狂”称号不断为外界所提起，这是人们对

他最深刻的印象之一。拿企业商标和域名来说，自小米成立以来，在雷军的督促下，公司先后注册了1700多个相关商标。所有含带米字的日常用词几乎都被小米“一网打尽”，每一个词语至少进行了四个类别的保护。自“米家概念”越发深入人心后，小米还陆续注册了很多类似于“咱家”、“我家”、“我们家”这种与“米家概念”沾亲带故的商标。

细数小米注册的商标，会发现09类科学仪器商标达到了323件，42类网站服务一共有173件，38类通讯服务有160件，而35类广告销售则超过了150件，堪称“琳琅满目”。除此之外，雷军曾自曝小米的新域名“贼贵”，交易价格甚至达到了百万美元的级别。

为商标耗尽脑力与时间，为域名“一掷千金”的雷军，再一次让人们见识到了他的偏执与专注。

在2013年末的“央视财经论坛”现场，面对大群媒体记者，雷军目光坚定：“我们做产品就是极其专注，就是极致。市场批评我们没关系，我愿意承认我能力不行，但不承认我态度不行。”那一年3月，小米的新产品互联网电视机顶盒小米盒子正式亮相市场，引起一股狂热的浪潮。9月，小米推出颠覆式创新的小米电视，专注塑造口碑，雷军将他的“偏执”精神发挥到淋漓尽致。

注意力是一种稀缺资源，而偏执精神从某种角度上来说，显得愈发弥足珍贵。能够将有限的注意力集中在学习与工作上，遇到困难以一种不屈不挠的偏执精神去攻克，作为普通人的你在未来的某一天定能告别平庸，拥抱成功。

著名的财经作家吴晓波说：“人生的魅力仅仅在于：用一个凡人之躯，在一个细分的领域里面，通过非常偏执疯狂的努力像钉子一样深扎进去，获得了一点点应有的成功，发出了一点微光，人生的光芒大概就是由这些偏执、狂热、坚持、热情、勇气等词汇构成的。”

对于雷军这般成功的创业者来说，心无二用的专注和不可思议的偏执将全程贯穿于他的创业生涯。当那些少数的成功者站在山顶俯瞰山脚的时候，他们的身姿总会引起大众的艳羡。人们争相模仿他们曾走过的路，不断提起他们曾说过的话，却难以将他们骨子里的专注与偏执传承发散，更难以承受他们曾经受到的阻力和艰难。

偏执不是成功的唯一条件，却能造就成功。哪怕被称为“偏执狂”也要力排众议坚持己见的人，哪怕累到筋疲力尽也要将极致专注坚持到最后一分钟的人，必能造就一段创业神话。

“只有偏执狂才能生存”是英特尔公司的创建者之一安德鲁·格鲁夫的名言。这位商业领袖同时是一位杰出的导师和教育家，被人们誉为“有史以来最伟大的技术巨人之一”。而安德鲁·格鲁夫身上最突出的特质是超越常人的专注和偏执。

1997 年，格鲁夫荣获《时代周刊》年度人物的称号，在采访中他透露了早年的创业历程。鲍勃·诺伊斯和戈登·摩尔以及后来加入的安德鲁·格鲁夫被称为英特尔公司的

“三驾马车”，他们共同创建了享誉全球的英特尔公司。诺伊斯奠定了企业文化，摩尔带领公司技术进步，而格鲁夫则负责执行。后人认为，是格鲁夫这个偏执狂让英特尔生存了下来，并一举成为这个世界上管理最优秀的技术公司。

格鲁夫无疑是史上最严厉的老板，为了应对当时颇为严峻的市场形势，他推出了著名的“125% 的解决方案”来督促员工发挥出更高的效率。而他自己以身作则，比员工更努力更专注更认真。在他军事化的管理下，公司上下每天都得工作 10 个小时，早上迟到的人必须在“迟到名单”中签下大名。后来某一次《纽约时报》的记者发现，“迟到名单”上居然出现了格鲁夫的大名。

“偏执”是英特尔公司的生存之道，用极致的专注来塑造口碑，是它的经营策略。所以多年来它扎根于微处理器领域，精益求精是它最大的追求。因着那种偏执与专注，飞速发展的英特尔公司令互联网革命席卷全球，整个世界都发生了翻天覆地的变化。

成大事者，不与众谋。成功者之所以能够成功，是因为他们早已突破了普通人的思维局限。普通人总将那种极致的专注和偏执视为不可理喻，然而这却是成功者们必不可少的品质。

偏执是对信念的坚持，专注是对信仰的维护。对于创业者来说，用偏执来打磨品质，用专注来塑造口碑，是他们将持续一生的道路。

2. 专注就是把一件事做透

雷军说，专注做好一件事情，并把它做到极致，才是最好的策略。

什么是“极致”？雷军解释说，就是把一件事情做透，如果他自己还没被逼疯，那可能还没到极致。如果同一件事情，坚持 10 遍依然没有看到效果，那就坚持 100 遍。或许这过程枯燥无味，或许坚持到最后你快被逼疯，但若撑下去你会发现，你已经经历了将一件事情做透的历程。你已经体验到了什么叫作极致。

恒久的成功来自于全心投入。各行中的佼佼者不一定是最聪明的那一位，但他一定是最投入最专注的那位。有人说，人这一生若能够做好一件事情就已经很了不起了。如果你集中绝大部分精力去钻研一项事业，像钉子一样深扎同一个领域，将一件事情做透做精，它的意义远远超过你去做一万件平庸的事情。

长期以来，雷军一直是一个极其专注的人，他总保持着将一件事情做透的习惯。他说，将一件事情做透，“就是做到你能做的最好，要做到别人看不到的东西，也做得非常好”。

秉持着“将一件事情做透”的理念，雷军集中全公司的资源和力量只做一款产品，团队日以继夜地打磨着产品品质，不厌其烦地调试着各种细节，在耗费了大量时间和精力后，小米手机无论是 CPU 还是触摸屏，都达到了业内顶级水平。当初为了将品质做到最好，小米团队费了不少周折。

业内人都知道，顶级的供应商往往不缺买家，纵使雷军纵横软件行业二十来年，在手机行业里他却是个新人。与国内供应商对接的时候，他碰了不少壁。有一次，雷军好不容易见到了一家供应商公司的负责人，对方却让雷军将过去三年的财务报表拿出来。这是一次很不愉快的谈判历程，虽然有点难堪，雷军却没有放弃。他不停地找对方谈判，不停地表达诚意，倾尽全力与对方交流，谈小米的未来。抱着将一件事做透的决心，小米团队终于“死磕”下了好几份合作合同，还获得了业内优质供应商的信任和尊重。

很多人无法获得梦想中的成功，是因为他们心中没有“极致”的概念。他们没有反复“咀嚼”一件事情的耐心，也下不了将一件事情做透的决心。马云说，成功一定不会在起点附近，我们都要走很久很久，一直坚持成长才能到达目的地。一直选择放弃就一直是起步状态，只有将一件事情做精做透，人生才能越来越美好。

选择走捷径，寻找容易完成的事情去做，用的是一种“巧劲”；而认准一件事，用全部精力把一件事情做透、做好，看似是一种“傻劲”。用“巧劲”行走，或许可以令你暂时领先别人，却无法助你一步跨越人生的高峰；用“傻劲”钻研，或许会让你在很长一段时间里被困在原地，但一旦冲开屏障，你便能与崭新的人生迎面相撞。

将一件事情重复做，做精做透才有出路。小米当初能够活下来，一点点焕发出属于自己的光彩，是因为小米将事情做到了极致，这个新生企业才凝聚起足够强大的口碑效应。

雷军早年做了一个卓越网，为了推广网站，他每天要发300多个帖子，每个帖子都要100多字以上。帖子若是灌水，或者雷同重复，就会被论坛管理者删除，那一天的活就白干了。为了适应论坛的要求，雷军每天都要输出3万多字的高质量内容。这对于专业写手来说都是一件无比艰难的事情，而雷军却下决心要将这件事情做透做好。那段时间，他每天坚持7点起床，一直工作到晚上2点，这种专注、这份毅力让人动容。

专注就是将一件事情做透，而这是一个不畏疲倦、重复实践、不断提升的过程。无论是去创业，还是身处职场，都要有无论如何也要将一件事情做到极致的决心，只有这样，你的路才能走得平顺，你的人生才会硕果累累。

海尔CEO张瑞敏极其重视产品品质，他说，质量是一个企业生存、发展、取胜的决定性因素。为了将产品质量做到最好，张瑞敏制定了严格的规章制度。他说："制度规定每天擦桌子6遍，日本人每天会坚持擦6次，而中国人第一天擦6次，随后5次，到最后可能1次都不擦了。"对于一个企业来说，保证产品质量是最基本的事情，在这个问题上"模棱两可"是会跌大跟头的。为了做到这一点，张瑞敏要求工人以十二分的专注对待每一件产品。

1985 年，刚到海尔的张瑞敏发现库房里的 400 台冰箱有 76 台存在着质量上的问题，他瞬间勃然大怒。张瑞敏立刻召集所有员工，当着所有人的面用铁锤将这些次品冰箱一台台砸烂。这样的事情还有很多，为了将产品品质做精做透，张瑞敏耗费了最大的精力。正因为这份专注，海尔才能够在三年后顺利赢得中国冰箱行业的第一块国家质量金奖，并在全世界范围内竖起了一块属于海尔的金字招牌。

专注就是把一件事情做透。拥有了这样的专注，任何一个简单的项目，任何一个小的企业，都有可能达到几千亿市值的规模，以战无不胜的姿态横扫市场。一个创业者只要愿意将一件事情做到极致，机会自然而然会多起来，赢利点也会变得层出不穷。所以富兰克林说，有耐心的人，无往而不利。做人做事，都应有将一件事做透的决心和耐心，习惯于三心二意浅尝辄止的人，通常只配拥有平庸的生活和不见起色的事业。

3. 学会做减法，大道至简少就是多

在雷军看来，专注才有力量，面对媒体的采访，他多次强调："大家能不能少做点事？"因为就算是天才，能够支配的精力与时间也是有限的。为了达到效率最大化，你要不时

抛弃多余的目标，一路修剪旺盛的欲望。

其实，成熟的人都知道，在人生的旅途中，减法远远比加法重要。前者能为你保存实力，后者却只能加重负担。商业社会中的“快鱼吃慢鱼”法则让创业者人人自危，但换个角度看，最后胜出的不一定是那条只顾“吃吃吃”的大鱼，也许是你这个一路目标明确，专心致志的小虾米。毕竟，人生考验的不只有爆发力，成功反而会更加青睐持久的耐力。

2017 年 7 月 26 日，小米团队第一次将 MIUI 9 曝光在大众面前。当年小米发布首个内测版之时，仅仅只拥有 100 名内测用户。到了 7 年后的今天，MIUI 的用户已达到 2.81 亿人。MIUI 是小米的第一个产品，它的成长速度堪称奇迹。但与以往不同的是 MIUI 9 正式亮相于大众面前曾经历了一场最大规模的“瘦身运动”。首先引起大家注意的是 MIUI 的广告模式，用户不喜欢的广告类型正在逐步下线中，其次 MIUI 9 一次性精简了 50 多项低频功能。

小米联合创始人、MIUI 的负责人洪锋在接受专访的时候表示，这 7 年来，MIUI 越来越丰富的功能并未增加小米的优势。随着平台体系越来越复杂，“米粉”们的评价也变得负面起来。“米粉”们竞相吐槽说，MIUI 太过“臃肿”，手机变得极其卡不说，还耗电。“米粉”们的反馈让雷军再次绷紧了弦。2017 年 4 月 6 日，小米 7 周年时，雷军郑重为 MIUI 9 定下了新的目标——“更流畅、更稳定、更省电”。这促成了 MIUI 9 的大瘦身。

从堆功能到做减法，雷军再一次深刻体验到了什么是大道至简。德国现代建筑大师路密斯·凡德罗最著名的建筑设计理念是“less is more”。凡是这位大师设计的建筑，无论是整体造型还是细节规划，都带着绝对精简的风格。这是路密斯·凡德罗留给人类的财富，而“less is more”的理念也让人们深受启发。

俗话说贪多嚼不烂，你越是“贪婪”，能够汲取的营养就越少。工作不是越多越好，生活不是越忙越好。人要有所为有所不为，慢慢地从细碎琐屑又无意义的活动中抽身而出，慢慢学会做减法，将精力和时间投入到最值得付出的领域中去，你才能有所成就。

雷军很喜欢讲苹果公司的故事。1997 年的苹果接近破产，而乔布斯回到苹果后，传达的第一个理念是：“决定不做什么跟决定做什么一样重要。”乔布斯大刀阔斧地砍掉了产品团队提出的 90% 的型号，包括当时很出名的手写设备“牛顿”项目。乔布斯回归之前，苹果离破产不到 90 天，而在乔布斯回归后学会了做减法的苹果，用了短短一年的时间便实现了 3.09 亿美金的盈利，顺利地起死回生。

索尼总裁霍华德·史汀格曾哀叹说，如果索尼的产品只有 3 种该多好啊。事实上，那时候索尼光随身听就有 600 多种规格。传统观念里，企业能够提供的产品选择越多，对企业的发展就越有好处。然而苹果却反其道而行之，以最少的产品数量攻下了最大的市场。只因乔布斯认为产品越多，越会对企业造成负担，还不如学会做减法，大道至简少就是多。

和大多数成功的企业家一样，雷军很忙。最初创办小米的时候，他面临的最大困难是，如何平衡角色，如何分配有限的时间和精力。创办小米之前，他的身份是天使投资人，他的投资网铺设得极大，光投资这项事业就能让他忙得分身乏术。之后雷军又因各种原因募集了 Follow - on 基金，他自己出任董事长一职。2011 年，老友求伯君再一次向雷军发出了邀请，足足用了大半年时间来说服他，抹不开面子的雷军再次回到金山，成为金山的董事长。

就在那段时间，雷军又创办了小米科技。作为三家公司的董事长，就算是雷军，也难免有力有不逮的时候，很多人好奇他会如何处理这些庞杂的事情。雷军每每回忆当时的情形，就觉得纠结：三件事情没有哪件可以丢开不管。而他想出的办法是，在公平的前提下，把三件事变成一件事，把三家公司变成一件事情的三个方面。学会做减法，他的时间就省出来了。

雷军努力强化这三家公司的协同性，最大程度地简化所遇到的问题。他说，社会在强调分工，分工越科学，效率就越高。所以他决定将公司的底层服务等业务交给别人去做，他们集中做用户体验。

在雷军这种“少即是多”的专注思维的带领下，小米的路果然轻松起来。

有人问雷军，为什么总觉得时间不够用？对此，雷军说："我的建议是少做事情，少做才能集中精力把事情做好。与其做 100 件事，不如选最重要的 3 件事来做，少做就是王道。"

专注能使我们忘掉很多繁杂的事情，一心一意地去执行。而学会做减法，能使方向瞬间变得清晰起来。雷军说，当你把复杂的事情变得简单，把简单的事情做好，你就成功了。

人成长与成熟的标志之一，是清晰地认识到人这一生中能够使用的有效时间少得可怜。悲观的人会为此焦虑、迷茫甚至自弃；智慧的人却更为深刻地理解了"少即是多"的含义，他们积极地为人生减负，想让自己过得更充实更有效率。

时下最为流行的"断舍离"是一种有效的生活方式，它要求我们扔掉无用的瓶瓶罐罐，过极简的生活。人生之路上也要学会"断舍离"，抛弃大而空的目标，减掉过多的杂念，专注于一个明确的方向，默默耕耘、努力，才有机会去迎接更好的未来。

4. 专注就是要学会说"不"

雷军曾经多次在公开场合引用乔布斯的这句名言："专注是极富力量的，而创业公司是非常需要专注的，专注就是说‘不’，就算是已经极好的东西也要说‘不’。”

专注的重要性不言而喻，而在雷军看来，专注的最简单有力的形式就是要学会说“不”。一直以来，小米拒绝低配，拒绝高价，拒绝哗众取宠，雷军将“不”字方针从头贯彻到底。

创业路上，专注意味着你必须对好几百个创意说“不”，你要集中精力仔细挑选最适合自己的道路。人生路上，专注意味着你必须对其他的可能性说“不”，你要全心全意地去选择你最向往的生活方式。

当你习惯了在应该说“不”的时候严词拒绝，你便拥有了一个最强有力的技能。毕竟人生不会给你额外的时间去试错。学会在关键的时候说“不”，能让你把时间和资源集中于最重要的事情上，发挥出你最大的优势和光彩。

2012 年 3 月，一则有关小米手机的假新闻传得绘声绘色。传说盛大将推出定价为 1199 元的主频为 1GHz 双核智能手机，这无疑会对当时官方售价为 1999 元的小米手机造成巨大的冲击，甚至有人危言耸听道：“小米末日来临。”还有人造谣说小米耐不住性子了，为了抵住这股冲击，小米要抛弃以往只做高配低价手机的征战策略，顺势推出低配版手机，定价将低到史无前例的 899 元。

当这个谣言传到雷军耳中的时候，他有点哭笑不得。雷军一直推崇专注的力量，在小米创办之初，他就下定了决心，要将高性能高性价比的“发烧级手机”进行到底。后来，雷军及时通过微博辟谣，他耐心解释说仅售 899 元的低端版小米手机是不可能的事情，小米专注把高端手机做好就够了，不会考虑中低端的配置。

一路走来，小米已经说了无数个“不”字，因着这股难得的劲头，它走得越来越稳定，越来越精彩。

如果将人生比喻成一杯水，在你刚上路的时候，它还是满满当当的，在你前行的过程中不断有人在向你要水喝。不懂拒绝的人会不顾现实情况将自己的水“慷慨”倒入每一个向他索水的人的水杯中，不管对方是否真的需要。

这意味着这个人的精力在流失，他的时间在流逝；而懂得何时说“不”的人却能将人生这杯水发挥出最大作用。他不会轻易让水溢出，不会把宝贵的水浪费在无谓的人和事上，他会集中精力做最值得做的事情。

雷军曾剖析说，很多初创公司什么都好，就是缺了说“不”的能力。当创业者将精力全都耗费在频繁参加各种创业大会，各种融资节目的时候，后期他们必将承担一些无法说“不”的后果。当初创公司为了迎合某些不太明确的市场需求不断开发新的功能，胡乱推出新的产品的时候，这条创业道路早已失去了明确的目标。

专注的另一层含义是学会说“不”。毕竟丢失了的钱随时可以挣回来，错过的时间却永远无法回头，而及时说“不”却能让你赢取更多的时间。

记住，一个“不”字能让你积攒力量，在适当的时候一击而中。

90 后们将老干妈奉为“国民女神”，从这个称号中可一窥“老干妈”的受欢迎程度。曾有人将“老干妈”的成功之道总结为：绝技加专注。令人着迷的口味让“老干妈”被人记住，而懂得及时说“不”的专注让“老干妈”成功占据了行业的制高点。

陶华碧白手起家，一手创造了“老干妈”王国。她的事业起步于 1989 年的夏天，在苦心经营 20 多年后，老干妈辣酱在行业内已所向披靡几无敌手。无论处于事业的哪一个阶段，陶华碧对于懒惰和安逸的态度一直是“不”。从建厂起，她吃住都在厂里，秘书和儿子多次安排她去旅游，每一次她都摇头拒绝。她的一颗心全扑在了事业上。

这么多年来，陶华碧习惯了与高调和虚荣说“不”。陶华碧在公众面前极其低调。在“老干妈”官网上，你会发现关于企业介绍的话语只有短短的一句话。陶华碧最专注最投入的事情就是做辣酱，除此外“老干妈”不上市不融资不贷款不做广告。正如陶华碧自己所说，她这辈子干好辣椒这一件事就行了，钱来得再快，也不能贪多。

这个在前进路上频频说“不”的普通女人，用双肩担起了“老干妈”的辉煌未来。

“老干妈”的专注却与竞争对手们的“心猿意马”形成了鲜明的对比。老干妈也曾遇到过强劲的敌手，然而，这些对头们非但不专注于产品本身的质量，反而花招百出噱头十足。他们这种不对不值得的事情说“不”的行为堪称自毁长城。

对于有志于做出一番事业的你来说，学会说“不”，才能走得更长远。比如说，你要学会对无聊社交说“不”。人际关系对于事业成功的重要性不用多说，但并不是每一个社交场合都值得全心投入。很多社交其实很肤浅，简单的交换名片并不能帮助你真正赢得一段值得信任的关系。被无聊社交透支的时间是很惊人的，你要习惯于去说“不”。

比如说，你要学会对大包大揽的惯性思维说“不”。尤其对于创业者来说，事必躬亲、大包大揽是个很糟糕的选择。当身边的伙伴比你更适合做某项工作的时候，你要及时对手头这份工作说“不”，这个强有力的“不”字能让你脱身而出。对于一些基础性的可以外包或者委派出去的工作，你的一句拒绝能让你的专注更有效率。

专注就是要学会说“不”。在事业起步的时候，不懂拒绝的我们往往什么都想干，却什么都干不好。在事业小有成就的时候，面对虚荣与诱惑不懂得说“不”，往往会断送掉珍贵的前途。学会及时说“不”，对我们的人生有着非凡的意义。

5. 极致的专注是不给自己留后路

雷军说，极致的专注是全力以赴，是不给自己留后路。

“生于专注，死于分散”是时下互联网企业文化中最为重要的一点，极致的专注才能带来最有希望的出路。然而在现实生活中，人们总是一边忙着手头的事，一边空出心思为自己琢磨好退路。他们唯一害怕的是，万一失败，自己只能落得一个被动、难堪、一无所有的下场。

你若真的专注于一项事业，就只能心无旁骛地前进，根本来不及也不屑于为自己挖掘后路。没有成功就想着失败，如此三心二意，所谓的退路反而会成为成功路上最大的阻碍。

记住，当你在给自己留退路的时候，潜意识里是在告诉自己，要有所保留，不要全力以赴。当那根一直紧绷着的奋斗的弦松弛下来，你便提前为自己的失败找到了借口。

不给自己留后路，就是在提醒自己破釜沉舟全力以赴，用极致的专注为自己打造出一方自由精彩的天地。

在 2012 年 7 月举办的小米手机研讨会上，雷军坦言，他的压力非常大。但是为了不给自己留退路，他决定砍掉小米所有的广告费用，专心做互联网和口碑营销。雷军说，他认为手机行业发展的三个趋势分别是手机电脑化，手机行业互联网化，手机软件硬件、互联网服务网服务一体化。随着信息渠道越发广泛透明，小米必须极度专注于口碑营销，并坚持原定的互联网模式不动摇。

“什么叫口碑？就是把用户当朋友。”雷军表情凝重，他接着说道，“怎样做好口碑呢？我们认为只有专注才能做好口碑……在专注之后就是极致！什么叫极致呢？就是不给自己留后路，全力以赴。”雷军大手一挥，将小米所有的注意力都集中到了互联网思维的核心——用户口碑上。

对于雷军来说，给自己留后路是愚蠢的。要么不做，要做就做到最好。

一直以来，我们最为熟悉的生存教育是多个朋友多条路，多个选择多个希望。俗话说狡兔尚有三窟，作为聪明的人类，我们更要懂得给自己留后路。

事实上，拥有更多的选择并不一定是好事。传统农业社会中，转型很难，选择的机会对个人而言很难得。然而在复杂的现代社会中，几乎每个人面前都摆放着很多选择机会。机会一多，心就摇摆起来。后路一多，前路就变得模糊起来。

面对诱惑众多的商业社会，某些时候，最好的选择是没有选择，最好的出路是不留后路。当个体拥有的选择越来越多，团体想要齐心协力做成一件事情就变得越来越难。当专注这种品质越来越珍贵越来越稀缺的时候，成功率也就变得越来越低。

理智的做法是，砍掉多余的退路，只留下一个选择，以所有的精力、全部的专心一头扎入这个选择项里，直到做得足够深入足够出彩。对于年轻人来说，无论是学习还是工作都如同逆水行舟。定下一个目标后，首先要做的是勇敢撤掉所有的退路，拿出不成功便成仁的决心，专心致志地做下去。

当你拥有了眼观未来不留后路的胸怀和气魄，面对可恶的“懒惰癌”，你再不会像以往一样轻易地“缴械投降”。当你坚定不移地向着目标迈进永不回头的时候，所有的潜能都会被激发出来，成功变得不再艰难，它就等候在下一个路口。

科创达人张博是一名创业者，从一名普通的技术人员到创立属于自己的科技公司，他走过太多的路。一路走来，他最大的感悟是：“既然决定创业，就不要给自己留后路。”

2008 年张博开始与朋友合作研发测压力的无线传感器，两年后，他们的努力初见成效。第一代传感器问世后，2010 年 9 月张博和小伙伴们成立陕西拓普索尔电子科技有限责任公司。张博说，他在创业这条路上走了太多的弯路，一开始就吃了不够专注的亏。

成立之初张博认为公司要活下去得“多管齐下”，为了保留退路，他一边带领团队研发产品，一边钻研贴片机和传感器等业务。由于精力不够专注，产品定位和市场定位变得模糊，公司的路反而变得难走起来。庆幸的是，张博很快明白了自己的局限在哪里。他抛弃了寻找退路的想法，一颗心逐渐变得勇猛坚定。

创业多年过去，张博的公司逐渐打开了知名度，事业也变得红火起来。他在总结自己的成功秘诀时，说：“我创业是靠自己工作多年的积蓄，以及家人亲朋好友的借款，只能往前走，不能向后退。我决定从管道局辞职，就是因为既然想创业就不能给自己留后路。如果作为一个创始人，天天都寻思着给自己找后路，那员工也不能拼尽全力去工作。”不给自己留后路，集中精力走好眼前的路，是他最想传授给后辈创业者们的经验。

有时候你不逼自己一把，都不知道什么是真正的希望。所以雷军才说，极致的专注是不给自己留后路。在大自然里，鹿妈妈总是这样教导它的孩子：“你必须全力以赴跑赢那只最强壮速度最快的狮子，你才有活下去的机会。”柔弱的鹿面对强壮的狮子根本无路可退，只有极致专注于脚下，一路狂奔全力以赴才能得到活路。

城市是一座钢筋森林，想要成长，想要进步，就得在面临选择的时候果断掐断自己的后路，让自己跃动起来，奔跑起来，全神贯注地去跨越每一个障碍。只因成功不可三心二意，不竭尽全力，在奋进的时候还想着退路，你只会输得很惨。

6. 你的专注度决定你成功的速度

小米为什么成功？雷军的回答言简意赅：货真价实 + 超预期口碑 + 高效率。撇开前两点不提，促成高效率的必要因素——专注度，值得每个人去重视。

在 HBO 播放的巴菲特纪录片里，巴菲特曾面向观众说起一个故事，当初比尔·盖茨的父亲向比尔·盖茨和巴菲特问了同一个问题：“你认为是什么导致了你的成功？”他示意比尔·盖茨和巴菲特各自在纸上写下答案。等他们写好后，比尔·盖茨的父亲依次摊开纸条，他发现两张纸条上面写着同一个词："Focus（专注）"。

专注，亦是雷军事业成功的必要条件。他曾说："出一款产品，意味着你需要有莫名其妙的自信，你坚信做的这款手机就是天下最好的。如果你不自信就出 100 款，如果你自信就出 1 款。"所以雷军只做了 1 款手机，也只有 1 个名字，那就是"小米"。

后来雷军又一次用他无与伦比的专注力做火了小米之家。2017 年，网商大会在杭州举行了开幕式。雷军在发表演讲的时候特意提到了小米之家："真心不吹牛，叫开一家火一家，今天小米之家的坪效世界第二。"他说，专注导致了效率的提升，亦决定了成功的速度。

近几年来，"线下"成为各大国产品牌发展规划中的又一个关键词。品牌商们从"线上"拼杀至"线下"，这场较量逐渐变得白热化。其中，小米和华为化身为两股十分引人注目的力量。雷军让小米之家"花开朵朵"，华为那边却是以手机体验店的方式争夺市场。曾有记者将深圳同一地点的小米之家和华为体验店列为采访目标，依次进行了探访。然而结果却让人很惊讶，就在华为体验店里几乎空无一人的时候，对面的小米之家却是人满为患。

正如雷军所言："小米真正要做的是效率革命。"他的专注度决定了小米之家成功的速度。小米之家做的是新零售，跟百货商店、超市相比，它很专注，因为小米之家只有二三十种品类。雷军说："我们的产品都是长周期的，如果客户两年和我打一次交道，进我店里一次，我们就没有办法维持客户的忠诚度。这样我们就会像华为的线下店一样——一个人都没有。在北京清河五彩城，华为在我们对面开了一家店，这是找虐。"

专注保证了效率，亦保证了成功的前提。你的专注度决定你成功的速度。

无论你从事的是哪一行业，专注度是决定你是否专业的非常重要的元素。当你全身心投入到工作进程中，能够明确掌握到人、事、物的各种发展规律，包括微小细节的差异的时候，这预示着你的感官已完全打开，你的专注度达到了顶点。注意力高度集中的你，想要在专业上获得提升是很容易的。长此以往，你必能成为领域内的专家，与梦想中的成功越来越近。

判断一个人的综合实力，大致有三个方向：知识、技能、软实力。注意力属于软实力中的一种，它潜移默化地影响着你的一切。不够专注的人往往在执行方面做得也很差。对于专注度高的人来说，他成功的速度与概率是"三天打鱼两天晒网"的人远远无法比拟的。

有人将工作中的专注度分为三种层次，第一种是"原地打转型"，他的注意力固定在一个定点上，等别人发问，才会开口回答；第二种是"主动出击型"，这种人比较积极，遇到问题会主动去解决；第三种是“无声无息型”，在工作过程中他的注意力时刻保持着集中的状态，几乎能“眼观六路、耳听八方”，经常在无声无息中便掌握到了现场所有的情况。

有家知名的连锁餐厅，为了训练员工的专注度，会故意将筷子或者刀叉拨到地上。机敏而又认真的服务人员一听到类似的声音会马上意识到哪儿出现了问题，极高的专注度让他变得极为专业而熟稔。一般而言，这种员工的晋升渠道总是很宽广，前途也很明朗。

甘其食被称为最牛包子铺。在“掌门人”童启华的带领下，甘其食化身为餐饮连锁领域里的一匹黑马，甚至做到了一年 3 个亿的销售额。为了建设好甘其食这块金字招牌，他们的专注度达到了前所未有的程度。

创业十多年来，对于包子的一切，童启华都了如指掌。在寻常人眼中，包子是种廉价的食物，对他来说，小小的包子里却蕴藏着大学问。童启华带领着团队，用了整整两年时间，琢磨出了一套包包子的“标准动作”，他要求每个员工都要不厌其烦地去练习这些动作，直到彻底熟练。

同是卖包子的人没他专注，同是在餐饮行业创业的人没他这份热爱之心。因此他的成功速度也是同行们所无法比拟的。凭着一个个用心做出的优质包子，甘其食在成立不久后就带起了一股美食风潮，短短几年间便刮遍了杭州。截止到 2016 年，甘其食的店铺总数已经超过 170 家，员工达到数千人。之后甘其食又顺利走出了国门，将门店开到了美国波士顿。

非凡的注意力造就非凡的专家。生活中的人们将太多的注意力分散到了无关紧要的小事中去，对真正需要用心去学习的知识反而三心二意。

靠自制力来提高专注度是一件很难的事情，真正的效率来源于我们内心一种叫作“追求”的东西。当一种叫作“热忱”的情绪从表层意识蔓延到深层意识，整个脑细胞都会处于高度活跃之中，这时候的你便能创造最大的效率。因着这种追求和热忱，你很容易便能“hold”这种高度的专注，并习以为常。

专注是你成功的关键，它决定你成功的速度。对于企业或者个人来说，高度而持久的专注能让他们变得更加高效，更有价值。当企业越发专注高效，融资变得容易，竞争和合作都会形成良性状态，人才吸纳更是不在话下。当个人价值逐步提升，认可度被大大提高，机遇便会纷至沓来。为了脱离平庸变得出色，第一步要做的，是更加专注。

7. 专注要一以贯之，否则做起来快输得也快

在 2016 年 4 月份举行的中国绿公司年会上，雷军颇为感慨地说道，小米应该踏踏实实地做感动人心的产品，更应

该耐心地将这份感动从一个人身上传递到下一个人身上。他说，做品牌缺少耐心和专注，起来得容易，输得也快。

然而在如今这个信息爆炸的社会中，“注意力缺乏症”成为一种流行的病。专注力下降的问题越来越严重，这就导致很多原本应该很精彩的人生变得苍白匮乏，原本应该很辉煌的事业竟在不知不觉间走到了大厦倾颓、摇摇欲坠的地步。

业内人士评点说，没有一以贯之的专注力，雷军做不成小米。这条路上危机重重，但凡少了一点专注、方向稍稍偏离一点，小米的未来定会陨落。

专注造就品质，而品质才能夯实口碑。

2011 年，小米团队第一次推出一款打爆市场的产品。熟悉国内安卓手机市场的人会知道，几乎每个月市面上都会有新手机发布。有人说，小米这款首发爆款手机之所以受人欢迎是因为大众图新鲜，大家的热情顶多持续个两三个月。说这话的人最后却被“打脸”，到了 2012 年的 5 月，小米手机依旧霸占各大排行榜销量第一的位置，热度久久不减。

小米团队的专注不曾减少，人们对小米的热情亦在持续。2013 年底，雷军多次公开表示小米将增加供应量，争取在新的一年里突破 8000 万台。就在那个节骨眼，小米的专注度却受到了质疑。原来随着小米的热销，它的售后服务一度广受诟病。面对恶评，雷军惊出了一身冷汗。他明白，小米如今看似辉煌，若只顾着赚钱，却不把团队最初的专注力度贯彻到底，小米的坍塌指日可待。他对售后服务的问题给予了高度重视，并投入了百分之百的专注，希望能一举解决这些问题。在他的努力下，小米的口碑慢慢出现了逆转。

缺乏一以贯之的专注力，哪怕占尽天时地利人和，哪怕你迅速搭建起了一个完美的开始，你也未必能顺利地走下去。

很多人在创业前期，从来不乏专注精神，这份精神令他的事业跨入了新的高度。眼见着人生巅峰触手可及，他们虽踌躇满志时刻准备着登上崭新的舞台大展拳脚，起初那份难得的专注力却在慢慢消融。就在这个时候，前路突然崩塌，预想中的辉煌泡了汤。他们也被现实逼到了无路可走的地步。

专注要一以贯之，没有足够的专注力去支撑你踏实地走完那段艰辛缓慢的路程，你永远只能收获一个中场落败的“残局”，却到达不了目的地。

美国情商之父丹尼尔·戈尔曼曾与管理大师彼得·圣吉共同写了一本名为《三重专注力》的书。书中说，热情的投入带来正向的人生，一以贯之的专注力和价值观以及追求卓越的精神必不可少。

正向的职业表现是，长期的热忱，持之以恒的专注力，及日复一日的学习实践。遗憾的是，根据专业研究，大部分人很难保持长时间的专注力，他们的心绪有一半的时间都在走神。“三分钟热度”成为这个群体最显著的标志。

无法将专注保持下去，意味着，你无法保住你的事业，哪怕它已经起步甚至接近成功。很多人的职业道路几乎因此而“跑偏”。而那些让你艳羡不已的成功人士，他们做的最多的事情，是让“专注”这种品质渗透入人生中的每一个阶段。

托马斯·爱迪生从不缺乏一以贯之的专注力，所以他最终成了美国历史上最伟大的发明家，人类历史上的现代版“普罗米修斯”；詹姆斯·布朗从不缺乏一以贯之的专注力，在灵魂乐这条路上，他迈出的每一步都饱含专注，所以他成了美国灵魂乐当之无愧的教父级人物。很难想象他们半途而废的情景。

失去了那颗专注之心，这些奇迹都不会出现；失去了那颗专注之心，哪怕你曾经一度辉煌，也会很快跌落“凡间”。

1998 年出生的王凯歆是神奇百货的创始人，16 岁便辍学创业，她身上 95 后的标签强烈而醒目，这让她颇受资本市场的青睐。当初在 BTV 的创业真人秀《我是独角兽》现场，王凯歆的特殊个性让她脱颖而出，成为资本大佬眼中“自由不羁，敢闯敢想”的人才。2016 年年初，她为自己的神奇百货拿到了 2000 万元 A 轮融资。对于一个还未成年的创业者来说，这是一个无比灿烂的起点，甚至是一个普通人终生无法企及的高度。王凯歆的未来似乎光明无限。

让人遗憾的是，拿着这笔投资，她非但没有将神奇百货做成一个知名企业，反而快速地输在了起点。王凯歆曾在文章中吐露心声，将她的错误总结为“轻易涉足电商供应链、盲目扩张、忽视用户需求、盲目曝光，大公司心态”。她还说：“我发现我犯了和陈年一样的错误，盲目相信空降职业经理人，盲目扩张人员和产品线，没有合理管控公司现金流。”

在事业之初，这位少女 CEO 对自己的梦想还能保持着热情和专注，这份精神让她受到了资本的赏识。在拿到一大笔投资后，心智还未完全成熟的王凯歆却因着无处不在的诱惑丢掉了当初的专注，导致神奇百货还未崛起，就已失败。

没有一以贯之的专注力，做起来快输得也快。正如雷军所说，他要十年、二十年如一日，专心做感动人心的新国货。“只要我们坚持下去，只要我们像过去创业的四五年情况一样，当每个东西做好了，‘桃李不言下自成蹊’，我们不需要讲什么，我们就会成为真正的神话。”小米从未丧失它的专注力，它将踏实而专注地走向属于它的辉煌，一如既往。

专注力是种比智商还要重要的能力。根据《凯度：2017中国社交媒体影响报告》的调查数据，我们能够得到的结论是：无论人类处在哪个年代，注意力的缺失都是不容忽视的社会问题。如果说在以前，狭窄的传播渠道、严重匮乏的信息导致了人们频繁地失败；对于如今的社会来说，让人们丧失了一以贯之的专注力的却是各种泛滥、爆炸的信息。

所谓坚持，就是将这种持续性的专注长此以往地保持下去。做起来快输得也快是一种无奈的结局，没有人想要“先甜后苦”、“先扬后抑”的人生，一以贯之的专注力却能让你领略“山重水复疑无路，柳暗花明又一村”的美妙滋味。

8. 碎片化时代，集中力量做最重要的事

雷军曾表示，在最讲究效率的互联网时代，集中力量做出爆品是最重要的事情。这就揭示了有关专注的最重要的一层含义：所谓专注，就是集中力量做最重要的事。

统计学中有个非常著名的“二八法则”，它告诉我们，在人生路上，能够真正对我们造成决定性影响的事情不超过二成，剩下的八成组成了琐碎的生活。也就是说，虽然我们每天都忙得团团转，而我们完成的事情中只有极少数有真正的价值。

优秀的人和平庸的人之间的差别在于，前者往往能够集中优势来做最重要的事情；后者却习惯于在所有事情上平摊时间和精力，甚至为一些鸡毛蒜皮的细节纠缠不清。当电子设备渗入普通人的生活，各种各样的资讯将人们的时间切割得越发细碎，我们唯一不能遗忘的是专注的力量，并要时刻秉持着“集中力量做最重要的事”的原则，好好面对生活。

小米副总裁黄江吉在接受记者采访的时候说，小米是一家典型的“轻管理”型公司。只因雷军一直强调，小米的时间和精力不能浪费在内部的管理上，公司应该集中资源发展产品，小米团队应该集中精力钻研产品，这种策略才能让小米从容面对竞争，始终立于不败之地。

对于小米的员工来说，他们不需要做 PPT，也不用费力

整理工作汇报和年终总结。他们所有的时间和精力都被集中在最重要的事情上。有人说，少了这些书面汇报，雷军以及公司的领导层如何管理员工呢？雷军说，这个任务，他已经交给了千万米粉。每天下午，黄江吉都会对他负责的产品进行升级，这样每一天员工做了哪些工作，他都能看得清清楚楚，米粉们也能随时随地地感受到产品功能的优化、完善。少了 PPT、工作汇报和年终总结，小米员工的效率反而大大提高。这是因为他们将精力都集中到了最重要的事情上。

现代人似乎已经习惯了这个碎片化时代。丰富多彩的微信朋友圈、五花八门的新闻推送打碎了人们的时间，久而久之他们再也无法专注地投入到工作中去。心情很难平静，甚至记忆力也下降得可怕，领导的吩咐、客户的交代转身就忘。时间在闲聊、刷屏中不知不觉地溜走，职场规划也被彻底抛在了一边。

与这些人相比，另一些人则显得专注努力得多。然而他们“胡子眉毛一把抓”的做事风格却更值得吐槽。在这种工作效率下，不但累死了自己，还看不到未来。

在这个碎片化时代，真正值得推崇的是“集中力量做最重要的事”。这样的专注才有价值。美国自然主义作家亨利·大卫·梭罗说：“光是忙碌是不够的。问题在于：我们到底在忙些什么?”如果你总是不能顺利地完成自己的计划，或者每天都缺少行动的力量，你可能忽略了专注的另一层含义，那就是永远要集中优势做最重要的事。

很多人对奥斯卡经典电影《阿甘正传》的主角阿甘很熟

悉，小时候他的智商甚至不够进公立学校，长大后他却成为受人追捧的传奇人物。他最让人佩服的是他的专注力，在人生的每一个阶段，他都下意识地集中力量去做最重要的事情，结果到最后他几乎在每个曾经涉足的领域都获得了成就。这就告诉我们，即使是一个最平凡的人，只要将所有资源、优势集中于一件最重要的事情，获得成功的概率也会很高。反之则可能一事无成。

沃尔玛将零售视为最重要的事业，为此它提出“一站式”购物新概念。在付出了最大的努力后，沃尔玛成就了一个“零售帝国”的神话。微软将软件视为最重要的事业，为此它集中资源不停开发新的软件产品和技术，因着这份难得的专注，如今微软已成为仅次于苹果的全球第二大市值公司。做最重要的事，就是要求我们整合身边可以利用的资源和优势，将它集中在真正有价值的事情上。就是要求我们在这个过程中准确无误地抓住重点。

1946 年，东京通信工业公司靠着 500 美元资金起家，逐渐发展成了如今全世界最著名的电子工业企业之一——索尼。纵观索尼的发家历程，你会发现它成功的秘诀。多年以来，索尼始终将技术列为事业发展中最重要的事情。从一开始便紧抓技术的索尼，靠着出众的口碑慢慢赢得了市场的青睐，一步步形成了如此庞大的跨国企业。

起初，虽然公司资金困难，可以利用的资源不多，但领导人井深大还是尽可能地将有限的资金、人力集中在一起，主要用来研制开发新产品。这种专注为他们带来了第一款深受欢迎的新产品——真空电子表，它的热销为公司打开了市场，也为之后的成功奠定了基础。随着新产品不断问世，生产规模逐步扩大，那一阶段的索尼公司也积累了一大笔资金。但井深并未满足，他督促公司继续将资金、资源和时间一股脑地集中于新技术、新产品的研发中。

1950 年，索尼公司推出了本公司制造的第一台磁带录音机，这个崭新的电子产品并未受到预期中的欢迎。公司领导没有灰心，他们反而精选技术骨干，积极拨调资金，集中攻关磁带录音机所具有的技术缺陷。经过 10 个月的努力，改良型的轻便录音机问世，市场销路被迅速打开，公司迅速获得了可观的利润。

类似这样的事情数不胜数，对于索尼公司来说，无论市场怎样变化，技术始终是最重要的事情。无论公司处于哪一发展阶段，集中力量攻克技术难关，是他们一直秉持的理念。后来，这种专注又帮助索尼打入了国际市场。

碎片化时代，意味着干扰越来越多，注意力则越来越稀缺。“业在于精，成在于专”，专注让我们走上事业成功的正轨。而这种所谓的专注，其实就是集中力量做最重要的事。贯彻这样的理念，你便能更好地管理时间，最大限度地发挥出自我积极性、主动性和创造性。

世界上没有绝对的聪明人和笨人，区别只在于前者懂得集中资源，专注于最重要的事，后者却走失在这个五光十色的碎片化时代里，永远失去了腾飞的机会。

第四章

想要拥抱成功，比别人多努力一点点

1. 想要扭转人生，先拼命工作

在 2017 年 11 月 3 日召开的小米投资年会上，雷军再一次与现场的观众分享了他的成功秘诀。他说："我觉得，创业不是一件简单的事情，成功的企业家也不像公众理解的，轻轻松松就成功了。在成功的路上，其实只有这一个秘诀：认真拼命地工作。"

这个世界上最让人感慨的事情莫过于：比你聪明的人远远比你勤奋。雷军是个公认的程序天才，他同时是个可怕的"工作狂"。雷军自己说，"毫不夸张地讲，我当时在金山的时候，基本是 7 × 16 小时的工作时间。"在他创立小米之后，这种情况稍稍有了改变，"现在我和我的员工都是一天工作 12 小时左右。"这句话足以让平凡的你我无地自容。

对于普通人来说，成就事业扭转人生没有其他的捷径，唯一能做的只有拼命工作。无论你处在什么岗位上，面对着怎样一份工作，只要勤勤恳恳全力以赴，就能产生极大的成就感和自信心。这种成就感和自信心足以催生出一个越来越优秀的你自己。

有一次，雷军在搭乘飞机的时候，看到了一本稻盛和夫的书，名为《六项精进》。几年前日本京瓷的人拜访雷军之时，将一摞稻盛和夫的书当作礼物送给了他。雷军太忙，一直没有时间细看这些书。久而久之，这些书上都落满了灰尘。那次去成都开会，雷军顺手从桌子上抽出了一本《六项精进》，揣着带上了飞机。乘着这段宝贵的空闲时间，雷军将这本书从头到尾翻了一遍。

让他印象最深刻的是，这本书里三分之二的内容都是在讲这三句话：第一你必须付出不亚于任何人的努力；第二你必须拼尽全力去工作；第三这个世界上最高明的经营诀窍除了拼命工作还是拼命工作。雷军很感动，想那稻盛和夫是何许人也？他以一己之力创办了大名鼎鼎的京瓷和KDDI，在日本是家喻户晓的“经营之神。”对雷军而言，稻盛和夫无疑是“同道中人。”后者对于“努力工作”的推崇与小米的价值观不谋而合。所以雷军一直告诫年轻人，想要扭转人生，先拼命工作。

对于今天的很多年轻人来说，“躺着发大财”成了他们唯一的追求。于是他们热衷炒股，将生命浪费在那无谓的期待中。有些年轻人根本没有一个具体的创业规划，却频繁出没于各大创业会、融资会，盼望能得到资本市场的青睐，到头来也只是竹篮打水一场空。

可怕的是，越来越多的年轻人对“拼命工作”的理念嗤之以鼻，对身边脚踏实地的同龄人不屑一顾。

一旦年轻人的价值观出现了偏差，人生便会逐渐偏离正常的轨道。一份艰苦的工作可以磨炼自我耐性，可以强大身心；一份看似琐屑无聊的工作能够让你默默积累知识，丰富实践经验。你要相信，一份踏实的工作能够赋予你的，远比一个不切实际的白日梦要多得多。

当你的辞职理由说服不了自己的时候，不如先埋头工作。凡是功成名就之人，又有哪一个不曾历经艰苦卓绝的旅程？这种超越常人的努力成为他们生命的底色，让他们在创下了伟大事业的同时，亦造就了自己充满魅力的人格。

小时候，稻盛和夫也是个极其厌恶劳动的调皮小孩。然而父母却时常告诫他说，年轻时候的苦难最难得，哪怕出钱也得买。稻盛和夫对此很难理解，他总在心里嘀咕：“苦难？能卖了最好。”大学毕业的时候，他进入松风工业成为一名普通的员工。那时候的他思想还很浅薄，经常和同事们聚在一起发牢骚，几乎每个人都认为公司的一切令人生厌，每个人都认为自己适合更好的地方。

松风工业是一家造绝缘瓷瓶的企业，在业内也曾赫赫有名，创下很多优秀业绩。而等到稻盛和夫入职的时候，松风工业早已濒临倒闭。那时候正处于经济萧条时期，靠着恩师的介绍，他才成功进入这家公司。然而年少气盛的他却不满足于现在的一切。工作还不满一年，大学生们纷纷辞职，最后只有稻盛和夫和另一位高材生留在了公司。后来，那名高材生进了干部候补生学校，只余稻盛和夫一个人仍在坚守着岗位。出于现实考虑，稻盛和夫决定先不辞职，这个决定让他迎来了“人生的转机”。

走到这一步，稻盛和夫反而静下心来。他不再发牢骚，反而将所有心思集中于本职工作中来，此时他工作的认真程度，甚至可以用“极度”二字来形容。他一边拼命工作，一边利用休息时间如饥似渴地学习、钻研专业知识，不久后，奇迹出现了，不到25岁的稻盛和夫因着出色的科研成果，成为无机化学领域一颗冉冉升起的新星。他的迷茫一扫而空，甚至对本职工作产生了前所未有的热情。拼命工作的他，成功地扭转了人生。

当年轻的稻盛和夫放弃抱怨，全身心投入到工作中的时候，他不再觉得枯燥、辛苦，他变得越来越踏实、坚定。在这之前，他的人生充满了苦难。而那种极度的认真、勤奋却令他的人生从此进入了新阶段。当他带领着京瓷成功上市之时，他还未满40岁。已功成名就的他，脑海中唯一思考的是“从今以后得更加努力地工作”。

人们工作是为了获得生活所需的资本。劳动的价值却不仅仅止于此。拼命工作，能磨炼品格、提升心志。终身努力、埋头工作的人总有着一颗厚重的灵魂。而人生之路也会因着那种令人感动的努力变得丰富、宽广起来。

有时间抱怨，不如全身心投入到本职工作中去，聚精会神，精益求精。这样做的你，是在积蓄自己的能量，是在耕耘自己的心田。

2. 在奋斗的年纪里选择与安逸为敌

雷军身边的朋友调侃说，将来雷军的死法只有一个，那就是过劳死。而雷军自己却说，勤劳是美德，更是令你驰骋职场百战百胜的“核武器”。人生不可能重来，每一天都是现场直播。最是青春留不住，别在应该奋斗的年纪里选择安逸。

莎士比亚的名言一再被人引用，他说：“青春是一个短暂的美梦，当你醒来时，它早已不见踪影。”安逸使人懈怠，正因青春短暂，所以过来人才会反复告诫我们莫把光阴虚度，别在本该昂扬奋斗拼搏进取的年纪里，选择被懒惰与安逸绊住脚步。

人人网的陈一舟感慨道：“全行业没有人比雷军更努力，我们行业的平均努力程度只有他的一半。”在最年轻的时候，雷军始终坚持着与安逸为敌，与奋斗同行。

1991 年，雷军大学毕业后来到了北京，就在那一年，他与金山的创始人、中国第一程序员求伯君相识。在对方的邀请下，年轻的雷军义无反顾地加入了金山。1992 年 1 月，雷军到珠海金山公司总部实习。习惯了北京这座城市后，雷军对于生活节奏相对迟缓安静的珠海颇有点水土不服。当他漫步在珠海城市的街头，眼前闪过的却是中关村那些神色匆匆的面孔，耳边响起的是清脆丁零的自行车铃声。

珠海这边的生活压力越小，雷军越不自在，情绪也越发低落消沉。当他意识到这种安逸的生活正在消磨他的斗志的时候，雷军心里一惊。他开始想念北京，想念那种压迫感和危机感。北京是一个充满挑战和机遇的城市，年轻的雷军随时能够听到别人成功的消息，那是催使他上进的最好的动力。雷军想，他这株快要枯萎的植物，急需北京的土壤和空气。

雷军找到求伯君，将自己的想法和盘托出。不久后，雷军便带着求伯君的理解与授权顺利地回到了北京，那是在1992年的8月15日。重回北京的雷军好比重回天空的雄鹰。他确定好目标后，开始聚集起一支属于自己的明星级团队，并顶着各方压力拼搏奋斗，一手创建了位于北京的金山开发部。年轻的雷军从不知懈怠为何物，他的辉煌人生由此展开。

时下遍地都是“佛系青年”，年轻人们纷纷选择安逸，却忘了“少壮不努力，老大徒伤悲”的警世名言。如果你认为这份安逸能够让你踏踏实实地过上一辈子，那你就错了。在如今这个充满变数的时代，所谓的安逸根本不存在。在本该奋斗的年纪里却错误地选择了安逸的你，必会为目前的安逸付出惨痛的代价。殊不知居安思危才是最为明智的人生选择。

天道酬勤专治黄粱美梦，而安逸是所有充实人生的克星。青春岁月总是美好，一叶障目的我们看不见隐在暗处的重重危机，只闻得到空气的中一种叫作“安逸”的甜蜜香气。被安逸空气侵袭、包裹、腐蚀了的我们，一味沉浸在一时的欢快里，对成功的渴望不复存在，斗志被瓦解殆尽。当某一天你猛然醒悟之时，却发现两鬓白发早生，自己仍旧一事无成。

勇于奋斗的年轻人一往无前地奔跑在通往成功的道路上，他的个人能力、成长速度永远比社会的发展速度要快，所以无论处于人生的哪一个阶段，这样的年轻人都很难被淘汰。而那些选择了安逸的年轻人，习惯了长久地待在舒适圈里，一旦社会稍有变革立马成为最先被踢出局的一群人。

2016 年夏天，安德鲁·豪斯顿接受母校麻省理工学院的邀请，在毕业典礼上发表了一场激动人心的演讲。他对台下即将走出“象牙塔”的年轻人们传达了一个重要的理念：人生中最大的危险不是失败，而是安逸。而安德鲁·豪斯顿本人也对这句话感受至深。

他坦言道，当年自己能够被麻省录取，基本上依靠的是聪明和勤奋。毕业后的某段时间里，他却失去了方向。24 岁那年，某天晚上，安德鲁·豪斯顿在床上翻来滚去难以入眠。他干脆爬起来打开电脑，心不在焉地浏览着网页。突然，一条信息吸引了他全部的注意力。那条信息写着，人的一生只有 30000 天。安德鲁·豪斯顿来了兴趣，他特意用计算器算了一下，最后沮丧地发现，他差不多已经浑浑噩噩地过了 9000 多天。这件事情对他的一生影响巨大。他将“30000”这个数字牢牢记在心里，并由此开始奋发努力，一路打拼，终于成功创建了著名的 Dropbox 公司。

当你认为事业单位很安逸的时候，事业单位的改革轰轰烈烈地开始了，一直沉湎于安逸的你被淘汰了；当你认为公务员很安逸的时候，政府对于公务员的要求越来越严格，所谓的“懒政”现象也越来越少，一直懒散的你被淘汰了。对于人生而言，安逸本身就是一个陷阱。

当你抱怨生活太辛苦的时候，要不回过头来看看我们的父辈，他们曾经走过的路才称得上辛苦；要不眺望远在前方的身影，那些成功者们，哪怕是比我们优秀的同龄人，他们吃过的苦是真的苦涩至极。坐在办公室里敲敲键盘、做做PPT 不算辛苦，看书学习、提升规划不算辛苦，你的吃苦底线越低，能够得到的回报就越少。

没有人躺着就能赢，没有人的青春是在红地毯上走过。在应该奋斗的年纪里，只有付出旁人无法企及的努力，才能成就一段精彩灿烂的人生。别在 20 岁的时候指望着过上 80 岁的生活，年轻人最应该摒弃的生活状态是安逸和安稳。

3. 用别人睡觉的时间干活

2017 年末，雷军发表了新的年终感言：2018 年，连睡觉都是浪费时间。雷军堪称最努力的企业家之一，一个小米员工曾开玩笑说："我都怀疑老板可以不吃饭不睡觉。"

而他本人也曾与武大校友分享过自己的心路历程，说在 2016 年小米最困难的那段时期，他每天晚上都要工作到凌晨 2 点，每天都只能睡三个小时。

用别人睡觉的时间干活，是一种觉悟。要知道人生从来没有无缘无故的成功和失败，当优秀的人奋力前行的时候，你却在呼呼大睡。

2017 年，58 同城的 CEO 姚劲波在接受央视《大咖》节目采访的时候说，雷军的勤奋一直是他前进的动力。58 同城上市之前的那段最难扛的时期里，姚劲波总会忙到深夜，每每撑不住之时，他就会想想雷军。一旦想到也许雷军此时还在坚持办公，姚劲波就跟打了“鸡血”似的瞬间充满斗志。是的，雷军勤奋的名声不仅传遍了业内，还感动了无数的普通人。

2016 年的 12 月，知名“米粉”渠洋在自己的微博上上传了一张照片，照片上的五彩城一片漆黑，唯有 15 层亮着馨黄的灯光。灯光亮处，正是雷军办公室的所在地。此时已是凌晨 3 点，室外积雪深厚，而楼下的车里坐着耐心等待雷军下班的司机。

曾有人问科比·布莱恩特，如何才能像他一样成功，科比却口气平淡地反问道：“你见过凌晨 4 点的洛杉矶吗？”

正如当年的雷军。在他还是一名普通程序员之时，总是通宵达旦疯狂写程序。无数个深夜，当别人沉浸梦乡之时，他却仍在伏案工作，无怨无悔。因着这种“数十年如一日”的努力与勤奋，雷军的未来早早被注定。

勤奋的人未必事事成功，但成功的人一定非常勤奋。即使我们前进的速度如蜗牛般缓慢，也不能轻易放弃，只因这个世界有太多我们为之努力的理由。

2017 年，搜狐张朝阳的一张日程表刷爆了朋友圈。网友们纷纷惊呼：“凌晨 4 点半起床?！难怪我这么穷！”日程表显示，张朝阳每天 4 点半起床，12 点到 1 点多入睡，他每天只睡 4 个小时。对于外界的疑问，张朝阳淡然回答：“秒睡，睡多了不舒服，超过 4 个小时难受，睡 4 个小时特别好。”

无独有偶，王健林的一张日程表同样引起了热议。根据这张“11 月 30 日王健林行程”可知，那一天他 4 点起床，马不停蹄辗转两个国家，三个城市，飞了 6000 多公里，签约 500 亿合同。

成功人士的共同点是：用别人睡觉的时间干活。

马化腾经常忙到凌晨 12 点以后，父母经常要等他到半夜。有一次他父亲在等他回家的过程中，不知不觉地在沙发上睡着了，还因此得了重感冒。华为的任正非亲自制定一条特殊的“床垫文化”，每个员工都会自带一个垫子，是用来加班的时候睡觉的。而任正非自己的办公室里也摆着一个简陋的小床。巨人网络的史玉柱一般会连续工作到夜里三四点，期间出现任何问题都会马上通知员工开会解决。员工为了怕睡着，只能拼命站直以保持精神。

勤奋一定是一个人成功的基础。就算是创下了如此显赫的功绩，这些成功者们依然会保持着艰苦奋斗的创业精神。

哈佛大学图书馆里流传着很多名言，其中一条最为有名，即“今日事今日毕”。这个道理简单浅显，却很少有人能真正践行。只因懒惰是一个有着外表华美内心邪恶的怪物，它的诱惑无处不在，而你一生都在与它抗争。因着一次次的懈怠，本来应该一天完成的事情拖到了“deadline”前的最后一天。无数个懒散怠慢的昨天造就了今天一无是处的你。

成功也许并没有想象的那么艰难。正如那句谚语所说：“一个人要想获得伟大的成就，必须天天都得创造一些小成就。”哪怕用别人睡觉的时间干活，也要按时完成每一天的任务；哪怕用别人睡觉的时间学习，也要每一天都积极向前迈进一步。当你默默地努力，不动声色地成长，你渴望的未来一定会在这种努力、积累中越发明朗清晰。

4. 认定了的事就要努力做下去

在雷军的人生字典里很难找到“放弃”这两个字，认定了的事情他一定要拼命做下去。事实多次证明，在创业这条路上，“不撞南墙不回头”是一种难能可贵的品质。

放弃，意味着你将前期的付出都扔在了水里；而坚持，则需要更多的投入，也许等来的是更大的损失。处于这种两难境地，很多创业者们犹豫不定，不知该作何选择。部分人迅速被压力压垮，很快便选择了放弃。一段时间里他们会为自己的“明智”沾沾自喜。行到最后，默默回首来时路，他们又会后悔不迭。正是那一次的放弃，让他们与成功擦肩而过。

当年金山面临内忧外患，一度岌岌可危，关键时刻雷军挺身而出，领着团队杀入了网游领域。当时很多人对雷军的选择表示怀疑，在他们看来，金山好好做软件就可以了，何必去蹚网游的浑水。雷军将这些风凉话抛在脑后，反而化身为“拼命三郎”。他果断地砍掉了双休，每天工作超过 16 小时。那段特殊时期里，他事必躬亲，务必将每天的工作处理完后才肯休息。在他的影响下，团队里的很多人都养成了下班拆下硬盘带回家继续工作的习惯。

就在雷军不分昼夜努力奔跑在这条路上的时候，金山内部的很多人却蠢蠢欲动，提议雷军先将网游市场放在一旁，集中精力、财力做好上市工作。这一提议遭到了雷军的强烈反对。在他看来，现在正是进军网游市场的最佳时机，既然当初决定要做网游市场，就一定要尽最大的努力将它做好。因着雷军的坚持，金山错过了这次上市。很多人的算盘落空，开始回过头来指责雷军。雷军却一直保持沉默，只顾埋头拼搏。

他的努力很快有了回报。2003 年 9 月，当金山推出首款网游产品《剑侠情缘网络版》的时候，瘦了几十斤的雷军坦言："我把个人成败都押上去了，基本就是在玩命，常常是连续工作两天两夜才休息一次，然后继续。"《剑侠情缘》火爆市场，金山的危机瞬间解除。

真正执着的创业者从来不会轻易选择中途放弃，他们习惯于奋力拼搏迎难而上，把压力当成动力，把挫折和困难当成前进路途中的"闯关游戏"。普通人应将这种创业精神铭记在心，认定了的事情就要全力以赴做好，不为别人，只为你自己。努力经营，大步前进，渴望的生活就在前方。

成功的人通常很主动很自信。而生活中的失败者总是下不了决心，面对晦暗不清的未来一再游移不定。每个人都该扪心自问，有多少出头的机会最终被我们浪费？有多少本该精彩的事业被我们半途而废？与其选择当一个聪明的"墙头草”，不如选择当一个执着的“笨人”，对你认为正确的事情坚信不疑，努力拼搏，耐心等待成功的来临。

凡是认定了的事情，一定要努力做下去，一定要拼尽全力将它做到最好。即使过程痛苦不堪，困难重重，也不要轻易放弃。

80后程维在创业之前足足花了八年时间在阿里巴巴做到了事业部总经理的级别。在别人看来，只要能在阿里踏踏实实地做下去，他的前途光明无限。然而程维心里却有一个创业梦。很长一段时间里他都在思考着创业的方向。后来有一次，程维在媒体上看到一些国外租车软件之类的报道，心里突然冒出了一个大胆的想法。

当时的智能手机并不普及，国内的诚信体系也不太完善，而程维却梦想着要做一款打车软件，改变人们的出行方式，对普通人来说，这个想法无疑是天方夜谭。听到他要辞职创业，大家都急了。十个人有九个人都说他是在做梦，程维自己却信心十足。2012年6月，程维带着几个老部下开始了创业，首先要做的是攻克技术关。最初的产品一直达不到上线标准，经过无数次的修改勉强上线后，得到的反馈却让人灰心至极。

前路似乎越来越渺茫，程维的压力陡然增大。有人劝说道：“你们一群阿里销售出身的人，能做出什么好产品？悬崖勒马，回头是岸才是正经的。”程维却坚持不走回头路。2012年底，程维挖到了合适的人才，终于补齐了技术的短板。团队发誓，一定要拿下北京市场。这无疑是一场硬仗。

唱衰的声音此起彼伏，程维干脆捂住了耳朵，只顾埋头前进。

当程维认定了这项事业的时候，他唯一想的是努力将它做好。靠着那股韧劲，程维领着团队闯过了一场又一场难关，顺利地闯出了滴滴打车的未来。

天下哪有免费的午餐，任何一条追梦旅程都布满坎坷，遍生荆棘。认定了的事情，一定要努力做下去。一开始没有收益没关系，就当成是你付给苦难的学费；没有资金和人脉没关系，就像雷军说的，“小米加步枪”也能成功，坚持下去必能看到希望。既然决定了创业，就要忍得了孤苦，耐得住寂寞，吃尽苦头也要坚持。因为只有坚持到最后的人才能笑到最后。

5. 及时修正错误的方向，努力才有价值

方向不对，努力白费。《南辕北辙》的故事告诉我们，出发之前要先看准方向，否则只会离目的地越来越远。对于创业者而言，正确的方向才是重中之重。

如果一时走错了方向，要及时修正，努力才有价值。就算是雷军，也曾因一时误判了方向，不得不为此承受了惨败。

1993 年，雷军立志要做出一套足够优秀的软件来抗衡各种来自业内的威胁。他酝酿良久，带领着一支团队开启了“盘古”计划。他们整整奋斗了三年时间，才让“盘古”亮

相于世人面前。这三年里，他们拼劲十足，几乎没有懈怠的时候。可以说，金山的每一名员工都付出了最大的努力与牺牲。对于雷军来说，这段无比努力的时光让他刻骨铭心。他“三年磨一剑”，自然对这部心血之作抱着最大的期望，没想到迎接的却是人生中最大的失败。

1995 年，盘古组件诞生。雷军还没来得及休息，就和其他人一起紧锣密鼓地投入到盘古组件的推出、宣传、销售这一系列的工作中去了。4 月，金山员工为盘古组件正式开启了一场发布会。谁知一切准备妥当后，盘古组件非但没有“一炮而红”，反而颇受冷遇。盘古计划彻底泡汤，而金山前期为了盘古的研发、宣传已经投入了超过 200 万元的费用，无数人的心血被浪掷，雷军更是失望到了极点。冷静下来后，雷军在心底偷偷问自己，难道是盘古不够优秀吗？那时候他说不出个所以然。在征战商场多年后，雷军给出了一个明确的答案：不是盘古不优秀，不是他们不够努力，是因为一开始就走错了方向。

努力很重要，但前进的方向却更重要。当你分外努力却一无所获的时候，当你对生活充满苛责和怨愤的时候，不妨停下来，仔细倾听内心的声音。你的努力是否只是“瞎忙”？你的努力是否只是“乱撞”？用对地方，你的努力才有成效；找对方向，你的努力才有意义。

曾有一篇文章记述了这样一个故事，一个留学国外的姑娘，为了赚取昂贵的学费和生活费，不得不在烧烤店里打工。她每天只能睡三四个小时，逐渐从一个水灵灵的姑娘熬成了沧桑疲倦的大妈模样。这份工作她整整持续了两三年的时间，每天都很努力的她却越来越沮丧。因为姑娘逐渐发现，无论她如何努力，也触不到她想要的未来。

这篇文章的作者和那位姑娘是同事，虽然干着同样的工作，她的斗志却越来越昂扬。她一边努力工作，一边抓紧机会练习外语，还拼命挤出时间去学习各种知识。她的方向很明确，她明白自己的未来不会仅限于此。正因有着明确的目标，她每天都过得很充实。而那位几乎同她一样努力却毫无方向的同事却几乎每天都在原地踏步。

若努力的方向错了，哪怕你将自己修炼成“劳模”，一切都只是徒劳无功。

加力·斯沃特辞职创办 Intellibank，结果却是惨败。

他不断问自己，那么多人创业都能成功，为什么唯有自己失败了呢？是自己的想法不够好，还是自己忽略了市场？想着想着，他明白了。Intellibank 就像一个错误版本的 Dropbox（多宝箱）。相对于 Dropbox 的初创团队来说，斯沃特的努力一点都不少，但因为他们“总是被不同类型的顾客牵着鼻子走，以至于彻底迷失了大方向”，才落得一个惨败的结局。

生活原本是一个迷宫，穿梭其中，你要步履不停，更要随时捋清方向，否则就会迷失在一条条路径里。如果努力的方向错了，我们只是在利用努力本身来感动自己麻痹自己而已。

6. 别想一下造出大海，先从小河川开始

雷军总说，当业务在小规模下被验证的时候，就有机会在某个垂直市场内做到数一数二的位置。这就告诉我们，“心急吃不了热豆腐”，从小业务着手做起，才能有机会做成大事业。

只因高山不可能在一日内被愚公搬空，大海不可能一日内被精卫填平。一个“小石块”、一条“小河川”可能会引发一系列的奇迹。

所谓开挂的人生，不过是厚积薄发。很多人为了离心目中的远大梦想更近一点，甘愿从最简单的工作做起，哪怕再辛苦，也只是默默坚持。他们步步耕耘，最后终于等来了灿烂绽放的一天。更多人却眼高手低，幻想着一夜之间掀起巨浪造出大海，不愿意做琐碎的工作，不愿意扎根于基础的行业。殊不知小事情里藏着大机遇，小业务里藏着大事业。

1996 年前后，WPS 一直是市场的宠儿。起先雷军的野心也很大，也曾认为只有 WPS 才能让金山攀上顶峰。后来他意识到，一口吃不成个胖子，想要让金山立于不败之地，从小业务上入手，也不失为一条明智的道路。于是，那段时间，雷军领着团队做出了“金山词霸”。一开始没有人相信不起眼的“词霸”业务能成为金山征战市场的新力量。然而“金山词霸”一推入市场便大受欢迎，屡次打破销售纪录。

那段时间，“词霸”光环笼罩了整个金山，几乎成为金山的代名词。雷军在听到考 GRE 的学生称呼那些背单词极厉害的人为“词霸”的时候，他开心地笑了，满足地自言自语道：“品牌做到这份儿上……”

对于一个创业者来说，最忌讳的事情是好高骛远、眼高手低。想要造出大海，就先得从小河川开始。

“现代法国小说之父”巴尔扎克渴望写成一部伟大的作品，于是他深入民间，将遇见的每一个身影、听过的每一个故事都记在了心里。他对生活观察入微，不断反思积累，若干年后终于成就了一部足以让后世人顶礼膜拜的《人间喜剧》。

“世界儿童文学的太阳”安徒生渴望成为伟大的艺术家，于是他揣着十个铜板开始了自己的旅程，他对任何小事都兴致勃勃，而每一日的见闻都在扩充他的见识，长年累月的积累让他写就了一本充满想象力的《安徒生童话》。

而对于一个明智的创业者来说，小业务里藏着大商机，小生意也能赚大钱。1985 年，美国青年杰克·奈基破了产，就在他为生计发愁的时候，报纸上的一则简讯让他灵机一动。简讯上说，沿大西洋地区每年搬家开支超过 600 亿美元，光纽约市就有 180 亿美元。那时候的搬家公司很少，这个行业很不起眼。杰克却想要去尝试着做这一行。1989 年，吉邦搬家公司成立，让人们大跌眼镜的是，这样一个地区性小公司仅仅用了九年时间就发展成一个大企业。

杰克的经历证明，不是只有热门行业才能带来成功，立足于一些不引人注目的小行业，或者被人蔑视的新行业，同样能创造一个个商业奇迹。

1998 年，马化腾注册了腾讯公司。在那时候的深圳，像腾讯这样的小公司起码有上百家。刚起步的腾讯主要是为深圳电信、深圳联通和一些寻呼台做一些项目，如今大名鼎鼎的 QQ 在当时只是公司的一个副产品。

很多人劝马化腾干脆把 QQ 卖给别的运营商，节省一点开支。马化腾也动了心，只是价格一直谈不拢。随着时间的推移，QQ 用户逐渐增多，马化腾对 QQ 的未来也越来越有信心。他开始庆幸 QQ 没被卖掉。但是为了运营 QQ，公司成本陡增。马化腾整天为没钱买服务器的事情发愁。

虽然在很多人眼中，QQ 只是个不起眼的小业务，但马化腾却四处奔走筹钱，只为了将 QQ 继续经营下去。1999 年的下半年，马化腾拉到了 IDG 和盈科数码的 400 万美元的投资。有了这笔钱后，飞速发展的 QQ 为腾讯后来的商业帝国奠定了基础。

再渴望星空的瑰丽，也得脚踏实地，日复一日地向前行走；再羡慕大海的宽广，也得先从小河川开始，点点滴滴地汇聚融合；再崇拜成功者的风采，也得从小处入手，慢慢积累成长。想要建成高楼，先得从挖坑、打地桩的普通工作做起。

很多宏伟的事业从平凡的工作中开启，只要你有脚踏实地的精神，成功就离你不远。从另一方面来说，纵观整个社会系统，除了一些特定工作外，大部分的工作都很平凡。身处平凡岗位的你我，只要努力去做，慢慢积累，也可以做出不平凡的成就。

对于每一个坐拥庞大身家的成功创业者来说，他们财富的累积是从每一个渺小的硬币开始的。而一个不被人看好的、微小的业务足以开启一个宏大的商业帝国。正所谓“不积跬步无以至千里，不积小流无以成江海”。聪明的你，别想一下造出大海，先从小河川开始。

7. 少说些漂亮话，比别人多努力一点点

2017 年，雷军破天荒地出现在一档综艺节目的嘉宾席上，面对主持人的犀利提问，他笑着说：“一般太能说的人都是不能信的。”

相比其他的商业大佬来说，雷军的口才不算特别出众。他很少说些场面话、漂亮话，却一直在践行着“比别人多努力一点点”的处世原则。

你一定见过这样的人，说起话来头头是道，做起事来却敷衍马虎。“唱功”好对你的事业不会起到决定性的作用，“做功”差却能直接毁了你的事业。漂亮话好说，张张嘴就行。真正实施起来就困难多了，既耐不住寂寞，又下不了吃苦的决心。这使得爱说不爱做的人越来越多。

2015 年，雷军亮相印度小米新品 4i 的发布会，并发表了一场“独特”的演讲。不久后，他的演讲内容被网友编成一段神曲《Are You OK》，迅速火爆了网络。视频中的雷军

说着一口蹩脚的英语，虽然神态略显局促，却又真诚得可爱。雷军的《Are You OK》引来了王思聪的吐槽，对方甚至说：“其实英语不好的企业家我真建议你们就干脆别出国丢这个脸了。”

面对这句“批评”，雷军既没有发火，也没有说些场面话为自己遮掩，而是对全世界的“米粉”表示了诚恳的歉意。谦逊而又务实的他迅速赢得了千万网友们的好感。

对于雷军来说，他的口才可能不如马云，不如其他的互联网大佬，但他的努力却是人人有目共睹。在某论坛上，有网友感叹道，雷军的演讲带给他最大的感受是，雷军很少说漂亮话，著名的“Are You OK”事件正好体现了他这种既低调又努力的性格。试想，没有他这种过人的努力，何来小米在印度市场的火爆？

中国人一直信奉的是“空谈误国，实干兴邦”。踏踏实实的努力比信誓旦旦的诺言有意义得多。身边总有这样的领导，部署任务的时候口号响亮信誓旦旦，真到了需要落实的时候却迟迟不见动静；身边总有这样的员工，汇报工作的时候避重就轻，说起成绩滔滔不绝，提起问题却遮遮掩掩；关键时刻漂亮话很多，平常时候却不见其努力。

美国人奥格·曼狄诺在其著作《世界上最伟大推销员》中写道：“我打算告诉你一个秘密。你的上司知道这个秘密，那些事业达到巅峰的人也知道这个秘密。这个秘密就是，你只要比一般人稍微努力一点，你就会成功。”你表态一万次，不付出努力永远别想得到一个优异的成绩；你说一万句话漂亮话，能够产生的作用远远抵不上真正迈出一步。

美吾发董事长李成家说，比别人少说一点点，多做一点点是他成功的秘诀。如今的李成家，已然是身份显赫事业成功的大企业家，然而在当初，他却只是个普通的推销员。李成家之所以能够实现这种身份的转换，在于他一直坚持着比别人多努力一点点的原则。

大学毕业后，进入必治妥公司担任西药推销员的李成家被分派到比较偏远的地区，一开始他很不适应这种工作节奏。但他没有抱怨，反而全身心地投入到工作中，努力挖掘客户。起早贪黑的李成家比同事要努力得多，三个月后他的业绩迅速超过了其他人。少说多做的李成家立刻被调回了台北，油嘴滑舌、一味说漂亮话的同事却留在了当地。

因着这种超越常人的努力，李成家的晋升之路分外顺畅。后来，他开始了自己的创业之路。当了老板的李成家依然秉持着“比别人多努力一点点”的工作作风。创业 19 年来，李成家几乎每天都会比员工早到半小时。主持干部会议的时候，他很少说些场面上的空话大话，仅仅只是不厌其烦地劝导员工，要比别人多努力一点点。

网络上出现的一个话题曾引起广泛的讨论：为什么大学毕业三四年后，同学们的差距会越来越大？刚开始工作的时候，大家都是企业里的一颗“小螺丝钉”。可是一年、两年过去，当初与你并肩同行的人早已让你望尘莫及，他们只留给你一个潇洒的背影。不是你不够聪明，也不是你情商低，相反，你太会说漂亮话了，你太懂得如何处理人际关系了，这点优势在一段时间里让你如鱼得水。时间久了，却让你忘了如何去努力，如何去规划。

漂亮话人人都会说，实在事却不是人人都会做。说多了漂亮话，你只会给别人留下一个巧言令色、谄媚吹捧的坏印象。不如收起那套漂亮话，让自己的每一天都比别人多努力一点，比别人更充实一点。

8. 明日何其多，奋斗应从此刻开始

雷军说，他对于成功的理解是要有超越自己的能力，不要羡慕别人的成功。小米要保持昂扬奋斗的状态，不能做一家平庸的公司。

雷军的意思是，与其羡慕别人，不如从此刻开始努力。若只是一味地列目标、做计划却从不实行，只能是白白浪费时间，为了告别平庸，雷军雷厉风行，一下子就打出了“MIUI、米聊、硬件、小米网”这四张牌，轰轰烈烈地铺开了小米的战局。

普通人无法轻易复制成功者的道路，但是我们可以学习他们说做就做、从不拖延的创业精神。明日复明日，明日何其多？没有今天扎实的努力，何来明天灿烂的自己？想要迎接一个全新的自己，奋斗应从此刻开始。

2007 年，雷军离开了金山。三年后，金山进入了一个发展的转折点。不仅业务受到重创，人员流失严重，连公司的

整体财务利润都开始极速紧缩。内忧外患下，金山的董事长求伯君再一次将目光转向了雷军。此时的雷军刚刚创办小米，面对求伯君的邀请，他很是为难。一方面来说，他对金山的感情难以割舍。另一方面来说，他总想着先把小米做好，再转头去做金山。老实说，他肩上的担子已不少，他怕自己承担不了金山的生死。面对求伯君的殷切目光，雷军有点逃避的心理。

为了请回雷军，求伯君一再相求。雷军说自己没有时间。求伯君却接过话茬说，时间就像海绵里的水。雷军说他还有十几家公司要管。求伯君却说，都做了这么多董事长，多一个不多。那一刻，雷军突然想通了。他当机立断地回到了金山，并迅速为金山定下了一系列的破局战略。不久后，这些战略便收到了成效，风雨飘摇的金山再一次站稳了脚步。

雷军一直相信“奋斗是一条永无尽头的道路”，既然有些重担迟早要背，就不要幻想着最好能拖到明天；既然选择了奋斗，不如从此刻开始。

英国威斯敏斯特教堂的地下室里的一块墓碑上刻着这么一段话：当我年轻的时候我想改变这个世界，后来我只想改变我的国家。暮年之时，我最后的愿望是改变我的家庭，我的亲人。直到生命的最后一刻，我才明白，我最想改变的是我自己。

试想，如果当初这个人从一开始就能改变自己，慢慢变得优秀的他或许渐渐就能拥有改变家人的力量。又或许有一天，他真能影响他的国家，那么接下来，他就能如愿改变世界。

想要到达明天，就得从今天开始出发。正如逝水难以倒流，你的人生也难以回头。平庸的人借用各种琐事来消费时间，怀有大志向的人却生怕浪费一分一秒。前者永远是“明日复明日”，改变只是说说而已。后者却能说到做到，永远奔跑在奋斗的旅程中。

25 岁的时候，杰夫·柯伦刚刚进入目录业务的行业，尽管他有很多关于创业的设想，却一直不敢真的去尝试。那时候的他一面沉湎于庸庸碌碌的现实生活，一面对未来充满幻想。每当夜深人静，他总在心头盘算着创业的目标和计划，想着第二天一定要做出某些改变。令人失望的是，等到他第二天起床之时，勇气早已消失得无影无踪。他重复过着这样的日子，后来，一次偶然的旅行却改变了他既有的生活。

一次越野飞行中，柯伦和坐在身旁的陌生人愉快地交谈起来。他滔滔不绝地说起自己创业的计划，越说越兴奋。那位陌生人一直静静地听着，之后却突然打断了他的话，提出了各种问题。飞机着陆的时候，陌生人对柯伦说道，别光想，立刻去做。短短一句话点醒了柯伦，他心里想起一个声音，他不能永远将奋斗的希望寄托于明天。如果真的要改变，不如从此刻开始。不久后，柯伦掏空了全部积蓄，开创了属于自己的公司。

不肯迈出步伐，总是寄希望于明天的人患了一种叫拖延的绝症。他们总会高估人生的长度，正如他们常常高估自己的能力一样。于是，“只争朝夕”成为一句空口号，“明日复明日”反而变成“拖延星人”的人生信条。不愿从此刻付出努力的人一方面是因为害怕吃苦，一方面是因为不愿意承担改变的后果，所以瞻前顾后故步自封。记住，不要老是后悔过去，已经发生了的无法挽回；也不要过分寄希望于明天，不从此刻开始改变，你永远得不到你想要的。

当你迫切地想要改变自己的时候，你不需要开个记者会昭告天下，也不需要求神占卜寻得一个“良辰吉日”，你唯一能够做的就是从此刻开始。全神贯注地做好手头的本职工作，比你画出一个“大饼”，然后看着这个“大饼”无所事事地咽口水要有用得多。

向着心中的绿洲勇敢进发吧，就从此刻开始。愿你不再迟疑和彷徨，向着美好的明天一往无前。

第五章

用快字诀打天下

1. 天下武功唯快不破

2011 年，雷军在微博上说道：天下武功，唯快不破。他早已为后来者点出了一条最容易让人忽略的互联网竞争法则——快。

有人说，移动互联网时代，有心创业就一定要快。创业得加紧步伐，全力冲刺，人生也是如此。人生要有紧迫感，拧紧发条的人比懒散懈怠的人更能获得机遇的青睐。

在有限的生命里，快一步就能早一步。紧迫感会让我们更快地达成目标，也能督促我们早一点步入正轨。你要有时不我待的紧迫感，它是你人生的催化剂，它是延扩时间宽度最好的方式。

一直以来，小米的“饥饿营销”“期货手机”让雷军饱受争议。面对这些指责，雷军感到非常委屈。

360 创始人周鸿祎就曾指责雷军，说小米为了节省成本，才拼命延长出货时间，这是“饥饿营销”的伎俩。另外雷军将原本属于未来的手机拿到现在来卖，还有意压低售价，对竞争对手来说无疑是一种残酷的打压。雷军说，小米的“饥饿营销”是个伪命题。小米作为一个新生手机企业，那一阶段的产业链根本没有成熟到可以大规模量产，只能保证30万部的产能。

让雷军懊恼的是，无论他如何解释，也化解不了大众的误解。他总是想，如果当初小米能够再快一点，整个产业链就能更早一步成熟，所谓的“饥饿营销”的争议根本就不会发生。

从另一方面来说，正因为当时的小米远远快于市场上其他的国产手机商，才创造了小米的奇迹。

三星集团CEO尹钟龙曾提出一个著名的“生鱼片理论”，意思是说，当你从海里捞到了一条金枪鱼，第一天这条新鲜的鱼能够以高昂的价格卖到知名餐馆。但若耽搁了一天，这条鱼就会迅速贬值，只能折价卖给二流餐馆。等到第三天，这条原本很珍贵的鱼只能出现在苍蝇小馆的餐桌上。到了第四天，哪怕你出价再低，也找不到愿意买这条鱼的人了。

社会的发展日新月异，在生活节奏越来越快的今天，时间甚至比黄金还要昂贵。因为它对资金、生产效率能够产生直接的影响。市场竞争越发激烈，如果你的反应不够快，如果你的行动太迟缓，成本与内耗会因此大大增加，优势地位也就不复存在。

事实多次证明，哪怕你在其他方面处于劣势，只要能先人一步，就有胜出的可能。相同因素下，谁先人一步，谁就能顺利摘取胜利的果实。速度早已成为成功的关键性因素。

李笑来原本是新东方名师，后成为新生大学创始人。他说，创业了二十来年，他从最初就明白一个道理：赚钱一定要快，要快到超越“第二宇宙速度”。周星驰的电影《功夫》里有一句台词：“天下武功，无坚不摧，唯快不破……”当年，李笑来在第一次听到这句话的时候就深表认同。他一直对身边的朋友说：“赚钱一定要快，不是因为我们贪，是因为我们懂道理。”

大三的时候，李笑来看到长春火车站附近有个华正批发市场正在招商。他通过各种方法找到了华正的总经理，对她说自己可以回老家帮他们招商。那个女经理愣了一下，看了看面前这个青涩的小伙子，问道：“你年纪这么小，不是开玩笑吧？”

李笑来坚定地摇了摇头。女经理想了想，笑着拿来了合同，对他说，如果你真能做到，就给你10%的提成。

事不宜迟，第二天李笑来就请假回到了老家延吉。他先借钱在延吉日报上发了个广告，随后找到了市内最好的宾馆，租了个房间开始了“招商”。仅仅一周的时间，他就为华正赚了二十多万，顺利拿到了两万多的提成。

李笑来赚钱的速度一直很快，到了1997年，他已经成为让人艳羡不已的百万富翁。他的事业路并非一直这么顺畅，但他一直都保持着快的速度。

在李笑来总结创业经验的时候，他说：“赚钱慢是一种罪，原罪。因为财务上的‘重力加速度’相对来看太狠了，大多数人不知道而已；你赚钱少，你赚钱慢，你就永远‘飞不起来’，更别提“飞出去”了……’”

在这个时代，慢是一种原罪。一味沉湎于慢节奏，只顾寻找舒适圈，对年轻人来说并不是一件好事。目前的你，可以走得慢，但请一定要摆好奋发向上的姿势，时刻让自己的心处于一种紧迫的状态。这样的你，迟早有一天会快起来，甚至飞起来。

从未有过那种疾驰而行全力冲刺的经验，就不要说你已经体验过人生。那种“唯快不破”的紧迫感是你自发向上的原动力。记住，但凡能快，就一定要快一点，因为没有人会在原地等你。怀揣紧迫感拼命前行的人，能比他人更早地迎接到成功的到来。

2. 快的核心是抓住痛点

雷军说，网络经济时代，抓住痛点，才能一击而中。没有比这更快的方法。痛点在解决之前是问题，它意味着隔阂、不适；痛点在解决之后是机遇，它意味着商机和合作。抓住痛点，才能让企业快速发展，才能让基业长青。

这种“痛点思维”有着广泛的实用性，而不仅仅可用来指导创业。痛点指的是那些急需克服的弱点。面对人性中的弱点，很少有人能够当机立断地铲除、完善它们。殊不知，抓住它们，便是抓住了一条快速成长、极速强大的秘诀。

2003 年秋天，大二学生伊丽莎白·霍姆斯闯入化学工程教授钱宁·罗伯逊的办公室，望着他说：“我们开个公司吧。”不久后，Theranos 公司成立。

伊丽莎白一生中最怕的事情就是打针，那一瞬间的刺痛让她惧怕不已。某一天，她突发奇想：“既然人们都害怕打针，这个痛点便很值得利用。”

她和创业伙伴教授钱宁·罗伯逊一起，发明了一种独特的抽血方式，将那种刺痛降到了最低。Theranos 发展迅速，现被估价 90 亿美元。它还被权威人士誉为最有潜力的公司。

创业者一定不能忽略“痛点思维”。处于起步阶段的企业通常面临着最残酷的竞争，速度一慢，立马会被淘汰。想要快速发展，就得抓住快的核心——痛点。若深度剖析痛点思维，你会发现，它本质上是一种问题思维。例如大家所熟知的滴滴出行，它能够迅速地站稳脚跟，是因为它直接抓住了老百姓打车难的问题，一举解决了这个行业痛点。

例如羽毛球加湿装置的发明，它完美地解决了羽毛球的羽毛容易发干发脆、断掉的问题，巧妙地增强了羽毛球的实际使用寿命。这个痛点的解决让羽毛球加湿装置的发明者赚到了上千万元的回报。这个普通的羽毛球爱好者迅速走上了人生巅峰。

2016 年 7 月，小米公司正式推出旗下红米品牌的旗舰机型红米 Pro 及小米笔记本 Air。发布会上，雷军称目前市面上的轻薄笔记本基本避免不了两大痛点，首先是玩游戏太卡，其次是硬盘版太贵。他的言下之意是，在目前的市场条件下，谁能最快解决这两大痛点，谁就能夺取优势地位，最快占领市场。纵观小米笔记本的战线布局，足以看出雷军的野心。

雷军说，小米笔记本的研发团队有着丰富的经验，合作的厂商通常有着业内一流的水平。为了以最快的速度占据最大的市场份额，从开启项目起，他的目标就是要解决那两大痛点。

小米笔记本 Air 12. 5 的代工厂是英业达，后者是台湾历史上成立时间最长、口碑最好的笔记本代工厂之一；小米笔记本 Air 13. 3 的研发制造厂商是以品质稳定可靠而著称的纬创资通生。雷军一再强调，快的核心就是要抓住痛点。无论耗费多大成本，小米一定会“紧咬”这两大痛点不松口，争取独占鳌头。

各行各业都有自己的痛点，抓住这些痛点，一个个攻克它们，你便能跳出困境，甚至开拓出一个新的行业。对于一个企业来说，痛点往往隐藏在最平常的工作中。在北欧航空公司的前任 CEO 卡尔森看来，企业与客户的各种资源发生接触的那一刻，往往包含着无数的痛点，把握住这些痛点，便把握住了企业的未来。

1981 年，瑞典人卡尔森出任北欧航空公司总裁。上任之后不久，他便发现了一个严峻的事实：公司因连续亏损早已摇摇欲坠。依据过往的经验，卡尔森对员工们提出“关键时刻”理论，希望他们能够将之应用于每天的工作中。他说，每一位员工在与乘客接触的时候，都包含了无数个“MOT”，如果每一个“MOT”都是正面的，无疑能够征服客户的心。客户粘度越高，越能够为企业创造源源不断的利润。

在“关键时刻”理论的指导下，不出一年，北欧航空公司就赚取了足够的利润，迅速进入稳步发展的轨道。后来，卡尔森将他的经验写成了一本书，取名为《关键时刻MOT》。

卡尔森的意思是，企业若想要快速发展，就要抓住所有那些接触、服务、影响客户的关键时刻。这些关键点对企业未来成败影响巨大。抓住这些痛点，无疑是抓住了问题的核心。

痛点思维可以被广泛地应用于生活中，只要抓住了痛点，凡事都可以用最快的速度解决。沟通过程中，无论对面坐的是谁，首先要关注的是对方的痛点，抓住痛点进行针对性的谈话，才能一针见血事半功倍，达到最佳沟通效果。管理过程中，根据不同员工的痛点，给予不同的管理方法，团队的联系才能越发紧密、稳固。

当你代表公司去谈判的时候，首先要做的工作是分析对手的诉求，在此基础上见招拆招随机应变，这样才能将谈判的主动权牢牢掌握在手中。如果你是一名销售，面对不同客户需采取不同的销售策略，只有巧妙抓住他们的关注点，才能以最快速度促使他们作出购买决定。

从痛点出发，彻底地解决它，才能提速脚步，才能一往无前。遇到痛点习惯于绕路而行的人，他的路会被痛点挤得越来越窄；而及时修复痛点的你却能直线抵达目的地。

3. 没有真正意义上的万事俱备

雷军反复强调，没有真正意义上的万事俱备。他说："有了创业的想法，还要解决钱的问题、人的问题，有更多问题要去考虑。"如果一直在"考虑"问题，一直坐着等待那股"东风"，有多少时间可以浪费？如何才能快得起来？

那些白手起家的成功者，大多数都是在"一穷二白"的情况下开始创业的。他们匆忙上阵，根本等不到真正的"万事俱备"的那一刻。

其实，万事俱备只是一种假设，"东风"不知道什么时候才能吹得起来，不如一路努力，一路积累，永不懈怠方能保持快的脚步。

雷军的第一次投资给了孙陶然。2004 年底孙陶然组车队去珠峰大本营，路上有位同伴提到了目前市面上最热门的一种电话 POS。孙陶然听了很心动，直觉告诉他，他又发现了一个难得的商机。回去后，他粗略了解了一下市场，决定围绕着电话 POS 推出电子账单服务。

那时候国外的支付领域是一片“荒漠”，支付宝远没有现在普及，人们习惯于现金支付或者刷卡支付。孙陶然出去拉投资的时候，很多人一听到这个项目便连连摇头。尽管孙陶然费尽口舌，他们依旧认为目前的市场不成熟。有人客气地说，这个想法虽然不错，但是如果没有准备完善就贸然进入，失败的概率太大了。

后来孙陶然认识了雷军，雷军非但没有打击他，反而鼓励他说：“你一定能做得成！”雷军也是第一次做天使投资人，他却痛快地拨给了孙陶然50万美元。随后拉卡拉成立。

雷军的眼光无疑很独到。丰富的创业经验告诉他，在条件不足的时候奋起而上，是因为时间不等人。速度一慢，机会就没有了。等到时机成熟，万事俱备，竞争者们早已将唯一的出口堵得水泄不通，你挤也挤不进去。

理论上的万无一失根本无法指代所有的现实情况，没有真正意义上的万事俱备。很多人之所以与成功无缘，是因为他总是在事业刚刚起步的时候频频打起退堂鼓。

成功需要很多条件，智慧、远见、资金、专业知识、贵人的相助缺一不可。但这并不是在说我们要将所有的条件一网打尽才能成功。没有谁在起步阶段是完美的，或者什么都准备好了，大多数人被时代驱使，在心中热火的指引下，这才毅然走上属于自己的道路。

想要做成一件事情，不必拘泥于所谓的“万事俱备”。等你什么都准备好了，黄花菜也凉了。因为你老盘算着“万事俱备，只欠东风”，才会永远慢别人一步。

从另一个角度来说，如果一个创业者拿着足够的本钱，在时机完全成熟的情况下进入市场，获得成功也不奇怪。但他若能够在先天不足，什么都欠缺的情况下有所收获，甚至保持着快速成长的速度一路攀上巅峰，才是一个奇迹。这也证明了他真的有实力。

2010 年，刘楠突然发现自己怀孕了。一番犹豫后，她决定出国，放弃目前这份让很多人羡慕不已的高薪工作。在国外的时候，刘楠经常逛婴儿用品店，有时候也会通过通讯软件与国内的准妈妈们进行交流。

她敏锐地发现，虽然国内的“海淘大军”声势渐旺，国外的婴儿品牌商却还在延续着最传统的经销模式。国内只有几个大城市设立了一些国外品牌的代售点，准妈妈们为了买到合适的婴儿用品，往往要费尽周折。而在“海淘大军”中，面对商品上花花绿绿的文字忧虑焦心的人也不在少数。

刘楠决定开一家店，只为这些焦虑的准妈妈们服务。因为那时候国内绝大部分电商根本没有开通跨境购物服务，刘楠又没有创业的经验，身边的人都认为她的想法很天真。刘楠却没有想太多。仅仅准备了几个月，她的小店便在淘宝上开起来了。这便是蜜芽的前身。

蜜芽目前的员工已经超过 1000 人，外界对它的估值超过一百亿元。如果当初刘楠非得等到万事俱备的时候才出手，哪里有今天这份事业？

俗话说，计划赶不上变化。世间没有绝对完美之事，“万事俱备”只是一种理想状态而已。无论从事哪一行，想要快速进阶、迅速成长，就得雷厉风行、当机立断，在前进的过程中一路随机应变，这样成功才会青睐于你。

对于做事拖沓、犹豫不决的人来说，“万事俱备”是借口，也是前进的束缚。当然，做任何事情之前，准备工作是必要的。拿创业来说，你得事前选定方向，分析市场，实地勘察，不能什么都不做，闭着眼一头扎进创业大军。

只是，过分追求“万事俱备”，过分谨慎是不必要的。这只能让你一次又一次地错过机会。

传说中的“万事俱备”抵不上你平时的努力。如果确定自己没有过人的优势，不如“笨鸟先飞”，毕竟勤能补拙，平日里多努力，多积累，关键时刻才能比别人更快反应过来，更先一步行动。先天不足不是问题，只要你是最早作准备的人，就能始终领先于他人。

4. 善用跳蛙策略，四两拨千斤

进攻！进攻！进攻！这一直是小米发展的主旋律。

但进攻也得有策略。雷军说：“如果换一个思路再想的话，将智能电视跟手机有效地结合在一起，我相信未来几年会变成新的更大的市场。”小米转去做智能电视，采取的是一种“跳蛙战术”。

善用“跳蛙策略”来制定企业的战略布局，迂回前进、极速跳跃，一路“攻城拔寨”，完全可以起到四两拨千斤的效果。

以自己的优势去对垒别人的劣势，才能达到意想不到的效果。这种迂回变通非但不是退缩，反而是勇气的体现。

很多人都听过雷军的“以战养战”战术，其实是“跳蛙策略”的另一种体现。

进入金山后，雷军对杀毒软件的开发不是很上心。他一门心思想要研发出更高明的软件程序，让金山的发展更上一个台阶。然而，事与愿违的是，金山非但没有如他希望的那样极速攀上国内市场的顶峰，反而逐步走上下坡路。

雷军沉吟良久，决定利用杀毒软件来“曲线救国”，金山毒霸的雏形在他脑海中慢慢浮现。1997 年，在雷军的大力促成下，金山反病毒小组成立。雷军经常出入那间小小的办公室。有一次，他突然瞥见了某张办公桌上摆放着一张小纸条，雷军拿起来一看，瞬间被感动了。只见上面写着“我的青春，我的毒霸”八个大字。雷军默默看了半晌，又将那张纸条小心地放在原处。

在这种极致的努力下，金山毒霸最终成功问世。仅仅用了两年时间，它便拿下了国内整个杀毒市场的半壁江山，为金山打了一个漂亮的翻身仗。

面对着微软的虎视眈眈，雷军曾说微软不做什么，金山就做什么，这是金山的生存法则。微软在杀毒市场上不占优势，雷军便让金山研发毒霸。这正是典型的“跳蛙策略”。

在某论坛上，很多网友都在追问“雷军是如何成事的”，问题下面热评不少。其中，“极致的效率和速度追求者”这个答案收获了一千多个“赞”。提到小米过人的速度，不能不提到“跳蛙战术”。

何为“跳蛙战术”？在1943年的天平洋战场上，以美军为首的盟军不断组织反攻，而日军则负隅抵抗，双方互相潜伏在星罗棋布的岛屿上，很快陷入了一种拉锯、胶着的状态。这时候，美国名将麦克阿瑟和尼米兹突然想到了一个好主意。经过一番商量，他们决定放弃一线平推的传统战法，跳跃式前进，越岛攻击。

根据这种跳蛙策略，两大名将带领着手下士兵，专门攻取日军防守、装备力量皆弱的岛屿，不断展开跳跃式进攻，仅用了半年多时间便成功进入日军的内防圈。

剖析跳蛙战术，便知它实际上是一种迂回战术。避开敌人优势之处，将战力集中于其薄弱环节，一举展开竞争，便能够加快进攻的速度。

做企业有时候可以参考战争布局，想要用最快的速度打败竞争对手，不妨尝试使用跳蛙策略。小米的成长堪称极速，在这种速度下，难免会积累一些不足和弱点。雷军使用跳蛙策略，不拿优势和别人硬碰硬，反而避开冲突，转而经营别的手机厂商还未涉足的“盲区”，如此一来，除了小米的优势能够一直保存，它的步伐始终比别人快一步。

雷军一直强调，在极速反应的今天，小米会坚持做手机，但这并不代表他会“在一棵树上吊死”。他的目标是更庞大、更宏伟的生态圈。

能将跳蛙战术完美运用于人生之路上的人，成长的速度总是异于常人。对于普通人来说，即使没实力没资本，也可以依据跳蛙战术的指示，迂回变通，快速迈进理想的未来。

陈欧小时候被誉为“天才少年”，那时候他因成绩太好连连跳级。这让陈欧第一次尝试到“跳跃成长”的滋味。大学时，作为计算机专业的优秀学生，陈欧时不时地通过打游戏比赛来挣钱。别人打游戏只是玩，陈欧却敏锐地看到了其中的商机。此后，他不时使用跳蛙策略实现人生的华丽转身。

2004 年，陈欧靠着一台笔记本，成功创办了后来全球领先的 GGgame。不久后，这款在线游戏对战平台吸引了大批的游戏玩家。为了扩充知识储备，陈欧放弃了势头一片大好的 GGgame，选择去斯坦福大学深造。

2009 年，毕业才三天的陈欧第一时间回到国内，他决定要继续创业。这一次，他还是选择了游戏行业，谁料结果竟是惨败。陈欧忙得焦头烂额，很快发现他从国外搬来的模式完全行不通。对手们大多根基深厚，他这家刚刚成立的小公司根本竞争不过他们。

濒临绝望的时候，一块“新大陆”拯救了陈欧。原来当时国内的线上化妆品销售店铺不是很多，信誉也不高，没有一家企业能够在线上化妆品行业做到领头羊的存在。陈欧意识到，这片市场潜力极大。他决定让企业转型，从高手围聚的游戏市场迈入竞争相对不那么激烈的线上化妆品行业。这便是聚美优品诞生的由来。

社会竞争讲究策略，追求速度也不能盲目前进。一味逞强不是好事，有时候不如选择退一步，将别人的弱点设为进攻点，逐点攻破，跳跃式前进。不用多久，你便能大放异彩。

面对比你强大的对手，千万不要选择“两败俱伤”的方式，纵使你牺牲了自己也无法得到想要的成功。对方再强大也有弱点，全力攻击其薄弱环节，胜利的希望便不再渺茫。

面对比你弱小的对手，也不要盲目采取硬碰硬的打法，换一种思路，利用跳蛙战术，四两拨千斤，在轻易击败别人的同时壮大自己。反之，以消耗时间、资源来换取胜利，明显不是理智的行为。

5. 扁平化带来极致速度

雷军说：“速度是最好的管理。管理扁平化，才能把事情做到极致，才能快速。”

在企业初创阶段，绝大部分企业都会选择以增加管理层次的方式提高效率。一旦企业进入稳定期，想要保持效率，高层一般会选择减少管理层次，增加管理幅度。

小米的管理要扁平化，这是雷军一直在提倡的事情。作为领导者，他对小米员工的驱动力及自我管理能力有着极大的信任。

2012 年，百度的一名技术主管跳槽到了小米。在雷军的手下做了几年后，他万分感慨地对朋友说："这个公司能成，有很多管理上值得学习的地方。"

看着他唏嘘的表情，朋友好奇地问道："这两家公司你都做过，那小米和百度究竟有什么不同呢？"这名员工话音干脆："是速度，小米太快了。"

接着，他又分析道："创业公司，有时候说节奏决定了速度，在小米我想是速度决定了节奏，就是因为这种快的速度，所以你节奏什么的必须调整。"

他说，刚进小米的时候，他最奇怪的事情是，除了 7 个创始人有职位，其他人都没有职位，都是工程师。朋友有点惊讶，而他侃侃而谈："在小米，晋升的唯一奖励就是涨薪。不需要你考虑太多杂事和杂念，没有什么团队利益间的纠纷，只需一心扑在本职工作上。"

相对于传统的"金字塔结构"来说，扁平化结构的管理成本更低。前者意味着集权控制，后者却意味着灵活协作。采取扁平化管理的企业，管理层级被大幅度削减，当信息纵向流动的渠道被打通，下层员工自主权增加，效率便大大提升。

效率高，速度才快。雷军曾评点说："中国很长时间是产品稀缺，粗放经营。做很多，却很累。一周工作 7 天，一天恨不得 12 个小时，结果还是干不好，就认为雇佣的员工不够好，就得搞培训、搞运动、洗脑。"

在他看来，在新兴互联网时代，开放而扁平的管理架构才能带来极致速度。所以小米如今的模式让人惊叹，员工们平日里各有职责各有分工，特殊时期却能"全民皆公关，全民皆客服，全民皆 HR"。

在扁平化思维的引领下，雷军对于自己的第一定位并不是 CEO，而是一个首席产品经理。

他解释说："小米的组织架构没有层级，基本上是三级：七个核心创始人——部门 leader——员工。而且不会让团队太大，稍微大一点就拆分成小团队。从小米的办公布局就能看出这种组织结构：一层产品、一层营销、一层硬件、一层电商，每层由一名创始人坐镇，能一竿子插到底地执行。大家互不干涉，都希望能够在各自分管的领域给力，一起把这个事情做好。"

从小米创办之初，雷军一直在实行扁平化管理。而这种管理方式也将员工紧紧地联系在一起。

小米内部一直流传着一个"卖嫁妆"的段子。小米公司创始人一共有 14 名，女员工小管是其中之一。在公司初创阶段，一边因着公司扁平化管理政策，一方面由于现实条件限制，年轻的她既要承担人力资源的工作，也要负担所有后勤事务。有时候，小管会化身于行政主管，处理公司行政要务；有时候，她又成了前台，帮助大家收快递，取文件。

为了投资小米，小管一番犹豫后，还是卖掉了自己的嫁妆。不多久，她的信任便得到了回报。如今，这部分嫁妆已变成一个令人咋舌的数字。

小管的经历说明，小米扁平化管理的另一个核心是：与员工一起分享利益。这让员工们团结紧密，拧成了一股强大的力量。

移动互联网时代，扁平化的重要性越发凸显，也越来越受欢迎。

当 Facebook 将“网状结构”贯彻到底的时候，“去中心化”成为他们首要的目标。与此同时，苹果的扁平化管理造就了更快的速度。正如乔布斯提议：“对于普通岗位来说，一个人的效率可能是普通人的一两倍；对于创意岗位来说，一个人的效率可能是普通人员的几十倍。”所以，苹果的重点一直在于创意部门，普通部门却被外包出去。

微软也在极力剔除臃肿的事业部制，只为实现组织扁平化。而在外界眼里，谷歌更是“扁平化”管理的最大支持者，谷歌高层甚至曾一度认为所谓的管理会拖累前进的脚步。

值得注意的是，扁平化确实能加快企业的脚步。但问题是，扁平化不能过度。

2002 年，为了打通级别障碍，提升员工的自主创造力，拉里·佩奇在谷歌推行了一个实验，他提议将工程师管理者职位取消，将大学那种自由活跃的氛围引入企业中。然而，这个实验进行没多久，拉里·佩奇就后悔了。他每天上班都得应对一大堆员工的哭诉和抱怨，从一个项目的开支明细到同事间的个人恩怨，大家事无巨细通通向他汇报。拉里·佩奇应付不了，甚至一度想溜之大吉。

拉里·佩奇开始意识到，“无管理”这种想法虽然先进，却不适合如今的企业环境。他迫不及待地停止了这个实验，彻底结束了这种崩溃的日子。

扁平化的优势显而易见，它是极致速度的保证。但在目前的市场环境中，过分追求扁平化，却能带来一系列的问题，灵活运用才能立于不败之地。

6. 丢掉多余的精神包袱，极速前进

雷军说，传统手机厂商总是包袱沉重，而遵循互联网模式，轻装上阵、由点及面却是小米的优势。连雷军自己都说：“不喜欢库存，宁愿少卖一点。”

以“快字诀”征服天下的秘诀之一是要丢弃多余的包袱。生活中，想将一根细线穿过缝衣针那小小的针孔，不是件容易的事情。越瞄准目标，越紧张，越难以一次成功。

在心理学上，这种现象被称为“目的颤抖”。意思是说，

将结果看得太重，容易使你背上沉重的心理压力。这样反而容易栽跟头。学会丢掉这些精神包袱，才能走得顺心如意。

雷军执掌金山之时，一度将微软视为最大的敌人。那段时间他的精神压力非常大，对待下属也很严格，有时甚至到了吹毛求疵的地步。有一次金山举办活动，雷军紧张地注视着场内，生怕哪一个环节出现问题。突然间，几名穿着略显随意的员工吸引了他的目光。那一刻，他的脸紧绷了起来。

其实那几名员工如规定一样穿着笔挺的西服，只是颜色不是最严肃的黑色和蓝色而已。而且其中一名员工的西服是亮闪的紫色，分外扎眼，这让雷军很恼火。他将那几名员工训了一顿，责令他们立即去商场换一套蓝色或黑色的西装。

多年后，雷军早已学会了卸重前行。有一次，他去参加一档节目。主持人当面问道，朋友们若在他面前用 iPhone 手机会不会感到不好意思，会不会想着把手机藏起来。这个问题很是犀利，雷军的表情却很松弛，他目光坦诚道："iPhone 确实很好，小米得承认差距。"

身处金山的时候，雷军的精神包袱很重。他自己也承认，那时候他把目的看得太重了。当振兴金山的强大压力一股脑地倾倒在肩，雷军勤勤恳恳战战兢兢，然而结果令人失望。他非但没有击败微软，反而几经波折才让金山成功上市。

后来创办小米，雷军的心态却很平和，很开放。他试着将多余的包袱放下，走上了一条截然相反的道路。结果小米一飞冲天，其成长速度让其他手机厂商望尘莫及。

所以说，丢掉多余的包袱，首先要做到心态轻松，不要被那个梦想中的目的地“绑架”了心情。越想到达终点，就越得轻松面对。把得失看得越重，就越难以成功。

精神包袱重的人，做事难免畏首畏尾，放不开手脚。这样容易错失时机。轻装上阵的人，却因享受过程而全神贯注，乃至全力以赴，成功便成了一件轻而易举的事情。

很多传统厂商的发展模式都可以被列为反面教材。因为唯一的目的是获取最大的利润，他们往往会将所有的事情都抓在手里。

他们往往会在设计、生产、销售等一系列的环节中投入过多的时间和精力，值得专注的部分被忽略，应该跳过的部分却被郑重对待，这就使得整个生产周期被拉长。周期一长，速度就变慢了。为了提升速度，传统厂商总会不间断地、不计成本地推出新机型。这种模式使得他们的竞争力越来越弱。

而在同一时间里，小米几乎只有一个工作重点。一边巩固优势，一边由点及面、扩大优势。为了轻装上阵，小米抛弃了以往手机厂商建造厂房、购买机器、雇佣商人等经营方式，从不过分强调利润，不将压力背在身上，只以全部精力拥抱互联网。

2005 年的某一天，在美国一家高尔夫球场上，马云与雅虎创始人杨致远相遇。在那场酣畅淋漓的比赛中，马云赢得了最后的胜利。回去的路上，杨致远微笑着说：“我们把交易定了吧。”

只用了短短的三个月，阿里巴巴便收购了雅虎中国的全部资产，而杨致远同时同意拨给阿里巴巴 10 亿美元的投资。拿着这笔巨款，马云咬紧了牙根。他想用最快的速度打开雅虎中国的局面。谁知事与愿违，雅虎中国迟迟无法收获市场认可，马云的心情越来越急躁。

为了加快速度，马云“三顾茅庐”，请来著名导演为雅虎中国拍摄了一系列广告。内部也紧急实行了一系列调整步骤。在种种“矫枉过正”的措施下，雅虎中国反而变得既不像门户，也不像搜索引擎，完全丧失了当初的优势。

雅虎中国持续沉沦，终于在 2013 年被关闭。有人说，如果当初马云将心态放平缓，好好部署雅虎中国的路，它未必会落得如此的败局。

如果不能放下压力、看淡得失，不仅快不起来，还有可能退步。急躁的心态，紧张的情绪无法解决任何问题。负重前行只能让你越走越慢。

雷军坦白直言，以前的他每天都在焦虑，如何才能快一点，更快一点。现在的他，却能直面这种焦虑，并将其化为动力，催使自己极速前进。纵使如今的小米依旧处于风口浪尖上，雷军的心态却很平稳，他知道，丢掉多余的精神包袱，才能极速前进。

7. 头羊效应决定，慢会导致风口变成陷阱

雷军说，大部分人是不看路的，只有“头羊”在看路。创业路上，“头羊效应”早已定下一个基调，那就是速度一慢，风口就变成了陷阱。

谁能走在最前面，谁就能更早更快地掌握主动权。而跟风的人只会陷入模仿的怪圈中无法挣脱。慢一步，机会就没有了。慢一步，路就不好走了。

每当雷军谈起“三色”公司的创业往事，就会连连叹息。他说：“当时想，乔布斯、盖茨就是大学创业成功的，我为什么不可以？想到这些，顿时热血沸腾，脑子晕晕的。”那时候的他根本没想到，最后他竟然会成为“头羊”身后的牺牲者。

那一年，雷军和王全国等几个朋友租了一间狭窄的办公室，开起了“三色”公司。开业那天，很多人前来道贺，还有人竖起大拇指说，他们这是“书生报国”，一定能创下一番事业。这种大阵仗将他们迷得晕晕乎乎。然而到了晚上，几个人聚在一起，真正谈起未来方向的时候，大家却大眼瞪小眼，内心一片茫然。

后来，雷军将目光瞄上了“汉卡”。提起汉卡，就不能不说史玉柱。1989 年，史玉柱用汉卡开启了事业，赚到了人

生的第一桶金。随后巨人公司成立，利用汉卡积累了大笔财富。雷军和小伙伴们的心渐渐活动起来，他们没日没夜地研发起了汉卡。雷军他们将汉卡研发成功，推入市场的时候，却并没有获得预期中的成功。

雷军很不服气，经过一番调研，他才知道，原来汉卡市场早已饱满，早已不是所谓的风口。

缺少资金的“三色”公司在经历这次失败后，只得无奈地解散。

在一群左冲右撞的绵羊中，一旦有一只羊领先一步，找到了独特的生存法门，其他的羊就会一哄而上，不假思索地走上“头羊”的老路。它们看不见前方的陷阱，也看不见另一条路上的水草，只顾盲目挺进。最后，“头羊”威风凛凛卓然挺立，剩下的羊却一无所获。

“头羊效应”告诉我们，在追求速度的今天，一旦稍有拖延，商机会变成烫手的山芋，市场会变成吞人的陷阱。一款畅销的产品出现后，总能引来无数的跟风者。后来的人超越前人是少数情况。一般情况下，盲目跟风的人总会吃大苦头。

《孙子兵法》里说“故兵贵胜，不贵久”。打仗速度重要。在战场上，速度一慢，连活下来的机会都会被无情剥夺。商场如战场，被对手领先一步就只能落得个满盘皆输的结局。当你拼命赶上，争着抢着挤入风口，最后只能沮丧地发现，所谓的风口早已变成了陷阱。

陶闯是中国互联网界“跨界型”传奇人物，在其2016年7月份的一次演讲中，他点出，如今全球独角兽公司差不多达到230家。2015年的投资泡沫催生出30%的独角兽公司，资本吹起了他们，却还有75%的大中小企业被剧烈的风吹起后又摔死。

2012年，小钱还在一家大型国企工作。随着创业浪潮兴起，情绪高涨的小钱很快便辞职创办了一家互联网公司。他见“大众点评”很火，便将一款小吃APP列为公司的主要业务。谁知辛苦开发的APP竟没人下载，小钱一气之下匆匆关闭了公司。

一年后，随着电子平台的崛起，小钱的心又活络了起来。他不顾家里的反对，将父母的房产抵押给银行，筹集了一百多万元组建了新的公司。这一次，他的目标是在线收款平台。那时候的他信心满满，总是认为别人能做的他也能做。

谁知道他又一次走上了失败的老路。经过一年的研发，小钱公司的在线收款平台正式亮相于市场。尽管他想尽了宣传办法，这款产品始终无人问津。钱烧光了，员工工资发不出，小钱只能无奈承认，他输了。因为无力偿还贷款，父母房产被银行和法院冻结拍卖，一家人只得租了个简陋的小屋，委委屈屈地住了下来。

小钱的失败给予我们很多反思。他是盲目跟风、一味从众的典型。一开始，他见点餐APP很火，头脑一热便决心辞职创业，谁知根本无法在激烈的竞争中站稳脚步。后来，他见电子支付的风吹起来，又一次不顾一切地扎入跟风的队伍中。这一次，风口变成陷阱，狠狠地将他吹落在地，让他得到最大的教训。

实际上，当小钱进入市场的时候，机会早已所剩无几了。当别人抢先一步占据了行业的制高点，连资本雄厚的大企业都要再三考虑是否要追随成功者的脚步，更遑论个人。

360 的创始人周鸿祎说："创业切忌盲目跟风——凡是别人已经做成功的事，成功者比你更有实力，很难实现颠覆。"

慢了一步的人被大风狠狠"凌虐"的滋味并不好受。当然，周鸿祎同样说过，想要追上别人的脚步，想要实现突破，就要做到和别人不一样。

做事要讲究速度，讲究效率，莫让自己成为"头羊效应"的牺牲者。慢步伐会成为你成功路上最大的阻碍。如果你真的错失了进入风口的最佳良机，只能保持自己独特的道路，而不能盲目跟风。

8. 快中求稳，越快越要保持冷静

雷军靠着互联网"七字口诀"行走天下，其中最重要的一点是"快"。他同时强调："怎么在确保安全的情况下提速是所有互联网企业最关键的问题。"

快是无往不胜的利器，前提是，不能为了速度坏了品质，不能因速度毁了根基。快中求稳才是最高明的抉择。前进的过程中，越快越要保持冷静。

在雷军的投资案例中，凡客无疑是一味求快，以至于乱了阵脚的典型。

2013 年 6 月，雷军与陈年在凡客聚头，如同往常一样喝酒聊天。谈着谈着，雷军突然冒出一句："你生产的产品，你自己用吗?"

陈年先是愣了一下，脸慢慢烧红起来。他偷偷打量了下自己——通身的 Nike，一件凡客都没有。雷军将凡客目前的局限分析得淋漓透彻。他说，凡客目前这种盲目扩张、一味求快是上个时代的做法，而未来的企业会像小米一样，用户需求是最直接的导向，品牌由产品来塑造。最后，他郑重总结道："你应该学习小米……"

听了雷军的话，陈年很受刺激。他心里想，雷军你做小米发达了，也不必来挤对我吧。雷军见陈年脸色不太好，就没多说什么。这次的谈话不欢而散。两个月后，陈年清空了半层楼，挂上凡客所有的样品，特意请雷军来参观。当他们从几百个衣架间穿梭而过的时候，陈年突然一阵心虚。雷军犀利地指出，这里好像一个百货市场，而不是一家品牌店。

这之后，他们又长谈了很多次。雷军一直强调说，凡客要快，更要求稳，不能因为速度乱了阵脚。

凡客的快速崛起，让人们印象深刻。2010 年，凡客的业绩一飞冲天。与此同时陈年多次拿到巨额融资，公司估值飙升的速度令人咋舌。在这种业绩的刺激下，凡客开始“大跃进”。2011 年，陈年说希望将来能够将 LV 收购，这句话让整个行业为之侧目。

盲目扩张的凡客很快迎来了市场给予的迎头一击。2012 年，陈年似乎已经看到了大规模扩张后的诸多隐忧。但他并没有完全认清这其中的水有多深。直到 2013 年，通过雷军的多次指点，他才恍然大悟。然而，此时的凡客已经无可避免地走到了历史的“拐点”。

“快”是企业的优点，当你一味求快时，“快”却成了弱点。在古龙创造的武侠世界里，“小李飞刀”的速度快到没有人能看清他何时出手。但他自己却很清楚，飞刀再快也有限，用完之前若不能歼灭敌手，他就只能得到惨败的结局。

雷军说：“你快了以后能掩盖很多问题，企业在快速发展的时候风险往往是最小的，当你速度一慢下来，所有的问题都暴露出来了。”如果在速度慢下来之前没有打败对手，就将面临破绽百出、任人宰割的局面。所以说，越快就越得求稳，越快越得保持冷静。

雷军对于“快”堪称情有独钟，但他绝不会为了速度牺牲企业发展的立身之本。进攻很重要，防守也是重中之重。

2011 年，马云在一封内部邮件中称，过去的一个多月，他很痛苦，很纠结，很愤怒。

原来，通过一个月的调查取证，已证实2009—2010年这两年间一共有2426家“中国供应商”客户涉嫌欺诈，同时查明有近百名直销员工为了追求高业绩高收入，偷偷与骗子客户签约。对此，马云震怒异常：“对于这样触犯商业诚信原则和公司价值观底线的行为，任何的容忍姑息都是对更多诚信客户、更多诚信阿里人的犯罪!”

为了挽回影响，阿里巴巴的首席执行官卫哲、首席运营官李旭辉引咎辞职。

有人评价说，这次阿里巴巴的自查、马云的反省及高管的人事变动这一系列的行为是对利益至上、“野蛮生长”的一次有力拒绝。企业发展的大忌是一味求快、一味追求利益。马云同样推崇“快字诀”，但他的智慧是，在企业发展过程中，越追求速度，就越要保持冷静。

通过这次事件，卫哲对于“快”字也许有更深的体验。住百家创始人张亨德在湖畔大学上课的时候，与卫哲结下了深厚的友谊。那时候张亨德内心唯一在意的事情，是让企业快速抢占市场，快速盈利。就这个问题，张亨德曾多次请教卫哲，后者给他支了不少招。

在卫哲的提点下，张亨德逐渐明白，旅游行业若为了快速盈利而盲目扩张、盲目发展是极其不明智的。比如说中青旅，它是发展了几十年的传统企业，去哪儿和携程前前后后也经历了十多年。其次，出境游要快，更该求稳，欲速则不达。

“快”意味着效率，意味着成功。但一味求快，却并不能保证你一定成功。越是在高速发展阶段，就越要保持冷静。

9. “慢跑”也是一种策略，不做一锤子买卖

雷军说，“快跑”能抢占市场，而“慢跑”能储备动力，他向来不做一锤子买卖。

极速盈利是一场百米冲刺，而不断积累实力、积累微利则是一场马拉松长跑。实际上，“慢跑”也是一种策略。量变必能引起质变，只管追求短期利益的人，只顾做一锤子买卖的企业，走不了长远的路。

2017 年，雷军在一次论坛专场回答主持人问题的时候，竟抑制不住地哽咽了起来。只因主持人问了他一个问题：“在创业过程中，哪一刻你最孤独?”

在主持人的直视下，长时间演讲后的雷军显得有些疲倦，他缓缓道：“在几乎所有的人都劝我把小米产品卖得贵一些的时候，我感到孤独，因为他们不了解我的梦想和追求。”说到最后，雷军声音中带着几分颤抖。他话音刚落，全场便爆发出一阵隆重的掌声。

小米对于雷军而言，不是一锤子买卖。当初他毅然进入这个行业，不是为了赚一笔快钱就走。他的梦想是拯救国货的品质和口碑，为此他作好了一场马拉松长跑的准备。

不知你是否注意到，倒啤酒的时候，倒得越快，杯子里的泡沫越多。如果倾斜一点，用慢速去倒啤酒，杯子里的泡沫就会少很多。

正如“地球上开车最快”的赛车手迈克尔·舒马赫所说，他成功的秘诀并不是油门，而是刹车。只顾踩油门，那种车速会将车甩飞出去，而“善用刹车的‘慢’技巧，减少不必要的停顿，保持行车流畅却能达到稳赢的效果”。

互联网让信息的传播进入高速发展的时代，对于一些新生企业而言，这极其容易诱使他们偏向于一锤子买卖。只顾用大量花哨的广告打响品牌，而不去真正贴近用户、打磨质量的企业，吸引不了多少回头客。

当社会风气逐渐转向急功近利，融资会争先恐后地开起，概念公司“雨后春笋”般林立。但这些新生企业的生命周期一般都很短暂。在如今的社会中，很少人有“慢跑”的觉悟，他们唯一追求的是以最快的速度成大名赚快钱，根本不想去培育一家充满潜力、能长久发展的企业。

思科前首席技术官 Judy Estrin 将硅谷比喻成一颗外表繁茂、根基却已腐烂的大树。因为他认为硅谷早已丧失了真正的“慢跑”精神，只剩下一大群急功近利的“冲刺者”。

只顾着做“一锤子买卖”“一次性生意的人”，根本没有领悟到商业征战之道的精髓。马云说，他要做一家 102 年的企业。雷军说，他要做一家世界级的公司。为此他们必定会将战线拉远，一边积蓄力量，一边纵横布局，将这场“慢跑”进行到底。

富士康在创建之初，曾以较低的价格拿了不少地。后来富士康进入昆山市场，有一段时期，昆山地价飞涨。很多人劝郭台铭，不如放弃制造业直接去做房地产，制造业和代理加工行业的利润太低了。面对这些提议，郭台铭很无奈。他说：“如果我的团队一天到晚去学怎么挣快钱和热钱，那么久而久之，他们就再也不会赚慢钱和冷钱了。”

富士康这种坚持“慢工出细活”，坚决不去追逐房地产等热门产业的精神，值得创业者们好好琢磨。商业“慢跑”体现了一种职业精神，体现了一种难得的智慧。不要只顾做一锤子买卖，不要盲目追逐市场上的潮流与起伏，慢一点，就能一步一个脚印，踏踏实实地将路走稳。

“慢跑”是一种策略，而“不做一锤子买卖”是一条深具智慧的商业法则。对个人来说，也是如此。不跟风、不盲从，坚持自我步调才能行得更远。

第六章

粉丝经济，只做让用户尖叫的产品

1. 永远超出用户的预期

雷军说："口碑营销的核心是管理好用户的预期，这样比较容易超越用户预期，形成正向口碑。"

金杯银杯不如老百姓的口碑。小米的"硬口碑"业内有目共睹，而雷军的秘诀是：永远超出用户的预期值。他说，只有这样才能让用户感受到落差，在一片惊叹中俘虏用户的心。

几年前，雷军去阿拉伯朝圣的时候，专门绕去迪拜帆船酒店逛了逛。迪拜帆船酒店被称为全球最豪华的酒店，雷军一直很好奇。

刚一进门的时候，雷军不由眼前一亮，只见酒店内金碧辉煌，服务人员身着漂亮的服装站成一排，来往游客穿梭不停，啧啧称赞。有漂亮的服务员迎上前来，领着雷军四处参观。逛着逛着，雷军觉得有点乏味了。四周虽然装饰豪华，但他总觉得酒店的整体设计不简洁，有点老土。

又有一次，他去一家海底捞吃饭。那家店装修一般，外面看上去还挺破。雷军心里嘀咕，这家服务肯定不会太好。点菜的时候，他特意观察了下身边的服务员，那是一位面貌憔悴的大妈，脸上却洋溢着热情真诚的笑容。

雷军一下子被那笑容打动，他问大妈为什么这么喜欢海底捞。对方激动地说："我一四五十岁的下岗女工根本没人雇我，在海底捞这儿做却能拿四千块钱一个月，这是我们家祖坟冒青烟啊！我睡觉做梦都会笑醒！"

这两件事让雷军印象深刻。他一直在琢磨，帆船酒店的环境和服务都是海底捞远远比不上的，但是为什么他却发自内心地认为海底捞的服务更有质感呢？想着想着，他恍然大悟："去之前，我已经把它定义为全球最好的酒店，因此一进门就开始挑剔。"而去那家海底捞吃饭前，他却对那的服务完全不抱希望，因此从进门起遇到的所有细节都是惊喜。

期望越大，失望越大。无论如今的你正在做哪一行，奔波跋涉在哪条创业路上，想要超越用户的期望值，首先要降低用户的期望值，其次要超出用户的需求。小米成立之初，雷军曾约谈团队里的每一个人，对他们反复强调，一定要保密，只有这样，才能将用户的期望值降为零，他们对于产品质量的判断就会更加理性。

早在2010年4月6日那一天，小米便已经成立。但直到一年零三个月后，人们才惊讶地发现，原来MIUI是小米的杰作，原来金山的雷军跑去做小米了。那一时期，靠着超出预期的口碑，小米迅速聚拢了50多万名来自世界各地的手机硬件发烧友，不断有人加入"米粉"的队伍。

试想，如果雷军从一开始便大张旗鼓地实行他的第二次创业，将小米的"底细"全部抖落出来，只会让用户的期望值一再高涨。所谓"好事不出门，坏事传千里"，到那时候一旦小米有一丁点儿不尽人意，便是在砸小米的招牌。

但凡思维正常的人，都难免会对某件事情抱有期望。利用这一点，适当调整用户预期，便能塑造良好的口碑。

2009 年，亚马逊花费 8.47 亿美金收购卖鞋网站 Zappos。后者超越预期的服务总是让用户惊叹，这是 Zappos 值钱的原因。比如说，他们一开始向用户承诺，订购的鞋子 4 天内送达，但是私下里 Zappos 网站却在物流上下了很大功夫，用户基本上在第二天就能收到之前买的鞋子。除此外，他们还推出了“售后延迟付款”的策略，用户购买商品的 90 天内随时可以付款，这让用户们十分惊喜。

2013 年 4 月 8 日，下午 16 时 28 分，罗永浩在个人微博上“昭告天下”：“下周就要注册一个新公司开始做手机了，每天都活在兴奋中……”

于是，每个人都知道罗永浩要杀入手机行业了。无论做什么事情，罗永浩都很高调。在锤子手机创立之初，罗永浩每每与人谈起有关国产手机的话题，就会变得很激动。有一次，他正与人聊着天，突然冲进另一个房间从柜子抽屉里拿出一台国产手机。他打量着手里崭新的手机，神情却很不屑。

又有一次，他在微博上“挑衅”网友，说：“用户体验、审美、营销推广、恋物、完美主义倾向这五项我都不输乔布斯，只差了一个现实扭曲场，但我人格力量远胜，加上这个行业全是土鳖和笨蛋，不骄傲地说，胜算很大。”

罗永浩如此高调，让他的粉丝们对锤子的期待值达到了顶点。就连路人对罗永浩的锤子科技也产生了很大的兴趣。

谁知道不久后锤子手机一上市，便被用户们挑出了不少瑕疵，锤子的口碑一夜间急转直下。

什么是口碑营销？什么产品会有口碑？价格便宜的产品有口碑？价格便宜质量又好的产品有口碑？雷军说，其实都不是。口碑是企业发展的根本。为了塑造一个硬口碑，企业要从服务、产品质量等方面入手，无论做什么都要永远超越用户的期望值。只有这样，才能做出让用户尖叫的产品。

2. 细节决定成败，“小题大做”的魅力

雷军曾发微博称，像马化腾这样的企业家，居然如此关注业务细节，这让他深感敬佩。在雷军看来，细节决定成败。细节做好了，事就做成了。

熟悉雷军的人都知道，他的衬衫总是平整服帖，发型也总是一丝不苟。做起事来，雷军会习惯性地死抠细节，而他也总能及时发现被别人忽略的细节。

要知道，企业重视细节才能壮大，个人关注细节才能成长。细节的魅力是永恒的，“小题大做”才能成就一番伟业。

1998 年，29 岁的雷军被破格提拔为金山总经理。刚上任不久，雷军便下了个“死命令”。他要求金山的员工必须要统一服装。“我发现 90 年代后期时大家觉得管理好就是西装革履，于是我就给所有人一人买一套西服，都是纯色，配上白衬衣，皮鞋也擦干净了，100 人出来都很整齐。”

他不仅关注员工服装这件小事，还针对最基本的请客提出了一个“四步请客法”：“要把一个客人请到场一定要花四次的时间：第一步，你要提前一周至两周跟客人打电话说明情况；第二步，要提前一周给客人寄请柬或发传真；第三步，要提前一天跟客人做确认；第四步，离开会时间还有半小时的时候，要再给客人打电话确定。这样，一般客人都会到，如果他不到的话，那他就欠你天大的人情，下次你打一次电话他就一定会来。”

海尔集团总裁张瑞敏曾说：“什么是不简单？把每一件简单的事做好就是不简单；什么是不平凡？把每一件平凡的事做好就是不平凡。”细节才能成就完美。

不要将细节与无关紧要的琐事画上等号。现实生活中，想做大事的人比比皆是，而愿意关注细节、愿意从每一个细微之处出发的人却很少。所谓“天下无易事，需要细心人”，连对待最基本的工作都缺乏认真细致的态度，如何才能做好大事、成就伟业？

大部分人对细节的认识都不够深刻。面对大是大非，即使艰难，人们总能把持住自己。面对细节，大家却总是习惯性地忽略，结果却因一个微不足道的细节而败不成军。

成立小米后，雷军将他这种重视细节的作风保持了下来。

雷军曾发过一条微博，说：“不工作了，画壁纸去！”在这之前，他为了挑选一张手机主题壁纸，看了至少一百万张照片。然而一个月过去了，他始终没找到心目中合格的壁纸。那段期间，焦虑的他甚至发起一笔交易。“谁若是跟我谈公司战略，我就会直接问他‘壁纸画好没有’，没画好继续回去画，画好我给你100万现金。”

2016年10月9日晚，雷军在小米5S的直播中向观众问道：“到底小米手机的正面要不要小米Logo呢？”当时观看直播的用户七嘴八舌地讨论起来，雷军细细地看过一条条评论，眉头紧皱起来。随后，他还就这个问题发起了一个投票，足足忙活到深夜。

两天后，雷军又发微博问道：“大家比较一下小米5和小米5S，有无正面小米logo的效果。喜欢哪种？”看到雷军还在纠结这个小问题，大家都有点惊诧，随后纷纷加入讨论中。

业内有人评论说，雷军之所以能够成就小米，关键原因在于他对细节的这种无与伦比的关注与重视。牢牢把握住细节的魅力，成功才会不期而至。

细节是平凡的，做好每一处细节，却能让它变成闪光点。对个人来说，好的细节会给人留下不可磨灭的印象，甚至可能改变你一生的命运。对于企业来说，管理者需要一双“火眼金睛”，并适时建立起一套完善的“细节管理机制”，以处理不断涌现的新细节、新问题。

很多单位在面试的时候会侧重于考察应聘者的观察能力，包括他们对于细节的重视程度。所以说，细节是成功者的阶梯。同样一件事情，注重细节的人方能将这件事做透；对细节马马虎虎的人却总是浅尝辄止半途而废，即便勉强做成，过程中也充满漏洞。

宗庆后在参加某电视台的一档访谈节目时，主持人突然从身后拿出了一瓶娃哈哈矿泉水。面对宗庆后疑惑的眼神，主持人笑着问道："请问这瓶娃哈哈矿泉水的瓶口有几圈螺纹？"话音未落，宗庆后便已答道："4 圈。"

主持人数了数，佩服地点点头："是的，果然是 4 圈，一圈不多一圈不少。"接着，她又问了个问题："您知道矿泉水的瓶身有几道螺纹吗？"

宗庆后胸有成竹地答道："8 道。"主持人数了数说："不对，好像只有 6 道。"宗庆后提示她注意瓶身上部，说："那上面还有 2 道。"

主持人皱了皱眉，拧开瓶盖，有点不服气地问道："那您能告诉大家，瓶盖上有几个齿吗？"

宗庆后笑得很自信："你观察得很仔细，问题很刁钻。我告诉你，一个普通的矿泉水瓶盖上，一般有 18 个齿。"

从宗庆后的回答中，我们可以看出，他是如何一步一步走向成功的。有人说"成也细节，败也细节"。细节的重要性可见一斑。有的人抱着"做大事不拘小节"的想法，对细节不屑一顾视而不见，殊不知只有从细微处入手，把握住一点一滴的细节，走稳每一步，才能铺就美好的未来。

3. 用价格让用户心跳，高性价比才是王道

"高品质第一，高性价比第二。"2017 年 11 月 7 日，在小米投资年会上，雷军如是说。

在消费经济占据市场主流的今天，消费者对于价格的关注度到达了顶点。让用户心跳的永远是价格，它直接关系着企业利润目标的实现。

“高质 + 低价 = 高性价比”，无论处于哪一行业，这条竞争法则是让你一路跑赢市场的关键。

1999 年的中国盗版横行，雷军判断最能让用户动心的是价格。彼时恰逢“金山词霸 2000”、“金山快译 2000”推出前期，定价成了一个让雷军十分头疼的问题。

金山内部很多人坚持将这两款新产品的销售价格定为 48 元。雷军却一直沉默不语。盗版光碟顶多卖 10 元，与此相比，48 元太高了。虽然这次的新产品如以往一样拥有着超高的品质，但两相权衡之下，还是会有很多人选择盗版。

“干脆卖 28 元?”当时的产品经理王峰提议道。听到这句话，雷军眼前一亮。王峰自己却纠结起来，他进一步分析道，要是产品推向市场，非但没有得到用户的认可还被业界认为是“恶性杀价”，那金山的损失就大了。王峰一边说一边摇头，雷军却一直沉默不语。

让王峰没想到的是，雷军居然抛下手头的工作特地去石家庄出了一趟差。他找到当地连邦软件公司的经理，将自己的想法和盘托出。经过一番详谈，对方被雷军说动，也认为 28 元的定价可行。雷军喜上眉梢，他握了握拳头说:“就这样干!”

28 元的超低定价，再加上金山产品完美过硬的品质，让金山打了个漂亮的胜仗。21 万套软件新品一上市便被销售一空，原本将最高销售目标定为 30 万套的金山，最终创下了

110万套的销售奇迹。通过这件事，雷军彻底明白，定价便宜但没有品质做保证的产品无法长久地挺立市场，品质突出定价太贵的产品跑不赢竞争。唯有两者合一，高性价比才是王道。

除此外，他还有个更深的感受：实现突围完全可以依靠一次价格的调整。很多年以后，他将这种思维运用到了红米的设计与营销中。

红米发布后，外界普遍认为，山寨机市场又一次被雷军“血洗”。相对于市面上琳琅满目的山寨机来说，红米的配置更高，设计更高端，其799元的定价却与山寨机的价格相差无几。如此一来，山寨机在高性价比的红米面前根本无路可走。

红米的热销证明，雷军并不是一味以低价机征战市场，高性价比才是他决战胜负的利器。

雷军曾说，他的一个朋友曾点出PC工业的一个明显的问题，即似乎所有人都认为最便宜的东西才能受到用户的追捧。现实是，随着东西卖得越来越便宜，用户却不喜欢了。其实，用户首先需要的是好产品，其次才是便宜的产品。雷军对此深以为然，所以他才会不断在各种公众场合发言说：“小米会坚持将性价比做到极致。”

换一种思维，一味死守品质不去考虑性价比，也是企业常犯的错误。这一点，苹果公司最有发言权。

1983年，以乔布斯女儿命名的苹果Lisa电脑面市之时，被定价为1万美元。当时苹果主流用户的消费水平并不高，苹果Lisa的定价对于他们来说无疑是一个天文数字，很少人能够买得起。尽管苹果 Lisa 别出心裁地将用户界面与鼠标结合起来，做出了超一流的品质，但它昂贵的价格却令用户们纷纷退避三舍。远远不如预期的糟糕销量，让苹果高层很苦恼。

1989 年，苹果将数千台滞销的苹果 Lisa 通通扔进了犹他州的垃圾堆。

只有价格才能让用户心跳加速。在消费升级的年代，企业在作消费决策的时候需要更多地考虑到性价比，但这并不意味着商家过于粗暴地追求低价是正确的路径。

若罔顾品质，只以低价策略换取利益，是一种丢掉核心竞争力的愚蠢行为。

在创业的道路上，任何一家企业都不能肆无忌惮地使用价格策略。只因价格是把双刃剑，可以用来击中对手，也可以用来伤害自己。非理性的价格战，不但会削弱自己的实力，也会让行业无钱可挣。这其实是在说：当你饿死同行的时候，同样会饿死自己。

1997 年，高路华盲目打起价格战，该企业将产品价格大幅度降低，最后的定价竟比长虹、康佳等主要品牌足足低上 30%。年末盘点收益的时候，大家才发现，此次价格战中，高路华非但没有讨好，销量反而大大降低。其旺季不足 5%，淡季 1%—2% 的成绩让公司高层痛心不已，企业的品牌形象也受到了难以挽回的负面影响。

由此可知，价格战不可取，高性价比才是王道。坚守自我产品价值，合理、正确地利用价格，方能成功突围。

4. 真材实料做产品，这是一种信仰

雷军说，真材实料做产品，是他的立身之本，更是他的信仰。做产品如同做人，半点也马虎不得。掺了假，便是走上了歪路，纵使一时得利，品牌的形象也会受到长久的损害。

真材实料才是立身之本，唯有货真价实的产品才能让用户心甘情愿地追随。

柳传志曾在雷军面前提过一本叫《基业长青》的书，内容围绕着“如何创办百年企业”这个问题展开。雷军在读这本书的时候，脑子里一直在想，国内企业的生命力不是很顽强，谁能真正做到屹立百年而不倒呢？那一刻，他眼前出现了三个字——“同仁堂”。

雷军立刻去翻找与同仁堂有关的资料，当他看到一句话的时候，不禁心中一震。那是同仁堂一句重要的司训“品味虽贵必不敢减物力，炮制虽繁必不敢省人工”。雷军细细琢磨着这句话，良久，他拍着大腿自言自语道：“材料再贵也要用最好的，哪怕过程烦琐也不能偷懒……这不就是说一定要真材实料嘛！”

雷军将这句话记在了心里，除此之外，还有一句话让他颇受震动。“修合无人见，存心有天知”，意思是说是否是真材实料，你的良心看得见，老天爷看得见。真材实料不是一个喊起来容易做起来难的口号，它是一种看得见摸得着的

信仰。

通过这件事，雷军总结道：要想基业长青，第一要做到真材实料，第二要对得起良心。后来他做小米的时候，所有的材料都要用全球最好的。甚至达到了“只买贵的，不买对的”这种程度，因为雷军认为，贵的一定有道理。

“对于一个零创办的公司而言，这是非常不容易的，因为这意味着我们的成本比别人高了一大截。但我们还是这样做了，处理器用高通，屏幕是夏普，最后组装也找全球最大的平台——富士康。”雷军如是说。

在如今这个社会中，每一个人都要有其自立的根本。有的以才华，有的以人品，有的以情商，有的以技术能力，但无论依靠什么，哪怕单纯靠“脸”，首先要保证的是“真材实料”。过硬的实力才能为你带来脱颖而出的机会。从另一方面来说，无论是人品还是能力，都参不得半分假，“真材实料”方能在这个社会中扎稳脚步。

对于企业来说，真材实料做产品更是企业发展的“金科玉律”。市场经济是契约经济，弄虚作假的企业，无论有多么雄厚的实力，都会被市场毫不犹豫地淘汰。

曾有一辆汽车装有55型摩托罗拉收音机，谁知道汽车突然着火，渐旺的火势将车库也烧着了。车库成了一个大火球，周围邻居的房屋也被烧掉一半。那段时间，发生过好几起类似的事件。经过调查才发现，问题出现在55型摩托罗拉收音机上。摩托罗拉创始人高尔文第一时间召开新闻发布会道歉，随后立刻召回了市面上所有的55型摩托罗拉收音机。

那一天，55 型摩托罗拉收音机堆积如山，里面的真空管和扩音器早已被拆下，用于回收利用。高尔文紧皱眉头，沉吟着。周围的员工大气也不敢出。过了一会儿，他抡起一把长柄大锤，朝着那些次品狠狠地砸了下去……

这是摩托罗拉发展历程中的一段佳话。高尔文深深知道，做产品若不用真材实料，出了事一味推诿责任，只会让品牌形象受损。后来，摩托罗拉虽然因着落伍等原因退出了历史的舞台，它的产品品质却一直让人津津乐道，无比怀念。

对比摩托罗拉，金钱豹成为一个反面案例。

海底捞张勇称："一个餐饮企业最快的死法是出现食品安全问题。"曾叱咤一时的金钱豹不幸被言中。人们断言，金钱豹之所以失败，是因为它并没有将重心放在产品品质和服务上，反而一再卖身注资，盲目铺陈市场。2013 年 1 月 8 日，央视一举曝光"假鱼翅"事件，几个弄虚作假的企业中，金钱豹最引人瞩目。真材实料的信仰已经荡然无存，虽然事后金钱豹频繁做危机公关，却始终赢不回消费者的信任。

在激烈的市场竞争中，产品是企业的生命力，真材实料的产品是企业的立身之本。长久以来，雷军一直在想一个问题：为什么改革开放近 40 年来，大家始终认为中国人只能生产劣质产品？这是多年来国内一些企业喜欢走捷径、偷工减料的后果。因为少部分不尊重产品不尊重市场的行为，让大部分良心企业背了黑锅。

当真材实料成为了你的信仰，你能实现的目标远比你想象的要多。

5. 用“极客精神”做产品，响应“粉丝经济”

小米的产品一直在提倡“简单、极致、快、为发烧而生”的“极客精神”。

“极客”一词源于美国俚语“geek”，原意是性格古怪的人。而在如今的时代背景下，“极客精神”意味着人们对于原创与新奇的追求，对于盲目追随与愚昧的厌恶。“粉丝经济”则诞生于互联网技术高速发展的时代，是一种新型经济模式。

用“极客精神”做产品，无限契合“粉丝经济”是雷军一贯的原则。他说，只有这样，才能做出让用户尖叫的产品。

亚马逊的全球副总裁曾专门拜访雷军，并向他抛出了一个问题：“你现在有多少用户？”雷军笑了笑：“跟你说实话，大概也就十来万吧。”对方也笑了，这个数字当然不是很理想。雷军正色道：“但这十几万用户，帮我卖了一千多万部手机，我觉得如果没有他们的力挺，我们怎么还能做到今天呢？我们有非常多的用户跟我们是朋友。”

创业之初，雷军一天到晚都在琢磨，他创业没多少钱，也没多少个人，怎么才能做出让用户尖叫的产品呢？后来，他脑海中蹦出了一个词——“粉丝经济”。那一刻，雷军兴奋地对身边的人说，咱们如今有互联网，只要把人民群众的力量发动起来，还愁小米的产品做不好吗？

他发出的一个“英雄帖”吸引了全世界的“米粉”。有人帮小米做了一千套主题，有人帮小米做了一万种问答方案，还有一群人帮小米在论坛里发帖，每天保持着至少20万的发帖量。小米如今有25个国家的语言版本，在17个国家建立了办事站，这些都是“米粉”们的功劳。当然，大家讨论最多的是小米应当如何摆脱传统手机僵化的系统模式，如何推陈出新。

在互联网兴起之初，整个行业处于拓荒状态，依靠“人口红利”便能累积起足够的利益。随着市场竞争越发激烈，用户的综合素质大大提高，以年轻人为主导的“粉丝经济”成为行业金矿。只有极度贴近用户，用“极客精神”做产品，才能赢得年轻人的喜爱与追捧。

雷军解释说，从一开始，小米的目标受众就是充满好奇的年轻人，以及热情的手机发烧友。当“极客精神”灌注入小米的灵魂深处，研发团队始终不愿走上陈旧腐化的老路，一直保持着满满的活力与热情。

当雷军将“粉丝经济”引入国内市场的时候，整个市场格局发生了剧烈的变化。而“极客精神”却是“粉丝经济”形成的关键。所以说，雷军实际上是“极客精神”最大的拥趸者。

小米手机的设计、研发理念一直紧贴着互联网方向。潮流、创新、技术发烧是这一过程中的关键词。

2014 年，小米手机 4 发布。雷军激动地说：“这是一个里程碑式的产品，不仅性能好，而且在工艺、手感上成功地超越自己。小米 4 的工艺和手感，超乎想象!”小米官方转发留言：“小米用极客精神做产品，让每个人都能享受科技的乐趣!”

2017 年，IDEA 美国工业设计杰出奖公布榜单的时候，国人惊讶地发现小米 MIX 因着别出心裁的全面屏设计一举拿下金奖。

美国著名科技博客 The Verge 将小米 MIX 形容为“狂野之梦般的概念手机”。业内也有人评价说，小米 MIX 将小米的“极客精神”体现得淋漓尽致，完美印证了其“为发烧而生”的设计理念。

小米的产品从设计、研发、广告营销，再到最后的销售环节都充满了浓浓的“极客精神”。风云变幻的互联网市场上，雷军始终围绕着“粉丝经济”铺路设局。2016 年，“小米直播”悄然上线。雷军利用“极客精神”和“粉丝经济”再次打了一场胜仗。

2017 年，“雷布斯”放下好好的领导不做，跑去直播平台当了一名网红。雷军亲自直播两个半小时，面对网友们的打赏，他不时面带羞涩地喊道“谢谢各位大哥”。

直播中，雷军笑着说，为了这场“秀”，他努力学习各种主播知识，参观当红主播们的直播间，从中吸引经验。当时，雷军的好朋友陈年正因为与周杰伦的骂战成为全民公敌，雷军不时拿陈年来调侃，还俏皮地说道：“插播一个广告：最近陈年有成为下一次网红的趋势，他后天也要来小米直播平台直播，欢迎周杰伦的粉丝来骂他啊。”

最后，为了表示谢意，“雷布斯”比了一个标准的心，让网友们尖叫不停。

雷军这一次直播就为小米挣了 13 万元。有人不禁惊叹道，雷军收益不错，这相当于卖出了 45 台 MIX 2 啊。

雷军化身网红做直播，是为了为小米直播平台拉人气。他颠覆了传统的发布会，用一场别出心裁的直播表演将小米直播 APP 推到了人们面前。如此不走寻常路，是他“极客精神”的体现。同时，他也将“粉丝经济”的影响力发挥到了极致。

在国产智能手机厂商萎靡不振的时候，小米像一个偏执的“极客”强势杀入。它用不惧失败、大胆创新的“极客精神”收获了众多的粉丝，亦收获了无数激动的尖叫。

6. 从抱怨中找不足，走近顾客找需求

当用户对产品或服务不满，就会产生怨怪的情绪。所以雷军总是说，顾客的抱怨中藏着非常重要的信息，每个商家都应该学会从抱怨中找不足，走进顾客找需求，以精益求精的态度打磨出让用户一直“排队”的产品。

用户的抱怨是企业市场反馈机制中极其重要的部分。正确管理顾客的投诉和抱怨，通过各种方式弥补失误与不足，

是维护企业信誉、增强客户粘度的最佳渠道。

松下公司善于倾听顾客的抱怨。哪怕面对的是一堆无理诉求，他们也能保持耐心，及时抓取其中的有用信息。有时候，这些信息甚至能直接扭转企业的运势。

某一年松下电器接到了这样一个投诉：一名顾客打来电话说家里的电熨斗质量有问题，老是漏电。他怒气冲冲，责怪松下的产品水平太次。松下员工听到这件事，顿时紧张了起来。他们耐心听着电话那头的质疑与抱怨，花了好长时间才将事情的原委弄清楚。

原来这位顾客家里的电熨斗已经用了好多年，早已过了松下产品的保修期。那支电熨斗之所以频频漏电，是因为外层的电线破了皮。面对顾客的无理指责，松下公司却再三解释与道歉，如此一来，顾客总算是消了气。

随后，松下公司派出了很多调查员，以问卷走访的方式深入贴近顾客，顺利收集了一堆数据。不久，松下公司成立了新项目，研发团队废寝忘食，只用了几个月的时间便攻克了技术难题，成功研制出一种能自动充电的无线电熨斗。

这种无线电熨斗刚一进入市场，便大获欢迎。松下公司特意寻到之前那位顾客，用重金酬谢的方式感谢他当初的抱怨。

商家要坚持“用户第一，顾客至上”，通过用户的抱怨来发现自身的不足，深入顾客群体找到他们最直接的需求。前者往往是自我完善之道，后者通常是商机乍现之时。

用户如果对产品不满意，他们可以说出来也可以掉头就走。如果大部分用户都选择了抱怨，你应该感到庆幸，至少你还有补救的机会。从这个方面来说，抱怨也可以很珍贵。将负面情绪过滤干净，剩下的可能是商机，可能是成功的真谛。

正视抱怨，才能前进。当人们抱怨洗碗太累的时候，洗碗机一度风靡市场；当人们抱怨打车难的时候，滴滴打车迅速崛起；当人们抱怨银行利息太低的时候，余额宝悄然进入千家万户……

雷军说让用户尖叫的产品才是好产品。为了做到这一点，他甚至会主动收集用户的抱怨，放下架子亲自走近顾客。作为最高决策者，雷军的态度直接奠定了小米的企业文化。所以小米产品大多都是爆款，一再受到发烧友们的疯抢。

外界曾质疑小米二代手机是在做期货生意。面对铺天盖地的抱怨与指责，对内，雷军说："批评的核心其实就是供货的数量，用户的批评意见一定要重视。"

对外，雷军态度诚恳："小米不是一个完美的公司，是一家快速成长的公司，有很多的不足。所以小米给粉丝的态度就是，我们意识到错误，意识到不足后，我们改善的速度非常快。"

某段时间里，国内手机厂商纷纷指责小米做工差，说小米系统质量不过关。雷军心想，自己是做技术起家的，既然产品存在问题，就得好好重视好好改。为增进产品质量，他拿出了十二分的干劲，日日领着团队熬夜加班。

曾有用户抱怨说小米外观不好看，没有质感。雷军的心一下子揪了起来，他立马将团队成员聚集在一起，着重强调做工、外观的问题。刘德作为公司级别最高的设计师，那段时间几乎将所有精力都投入到这方面。

有人说小米系统老出问题，雷军就让手机系统一直保持着更新的状态。小米 2S 已经出了好多年，到现在系统还在持续更新。还有用户抱怨说他抢小米好几次都没抢到。为了解决缺货的问题，雷军抽出时间亲自督管起了供应链。

雷军重视抱怨，也重视每一次和用户亲近的机会。2017年，雷军的一张图片在网上引起了热议。照片中的雷军衣饰简单，他对面坐着一位普通顾客，两人正亲切地拉着家常。原来那次雷军特意去了一趟河南乡下，对当地的手机市场作了一次深入调查。

需要承认的是，不是所有的抱怨都是事实，但聪明的商家总能从一堆垃圾情绪中找到正面的信息，只因他们不会放过每一个能让自己变好的机会。

哈佛大学教授哈特在一篇文章中写道："差错是服务的一部分，无论多么努力，即使是最出色的服务业也不能避免偶然的航班误点、烤老的牛排和遗失的文件。"

各行各业中，失误总是难免的。产品再完美，也未必能让所有人满意。但老实说，这并不是商家无视顾客抱怨的理由。

商场中有一条金科玉律："更完善的抱怨处理 = 更高的顾客满意度 = 更好的品牌忠诚度 = 源源不断的利润。"只有贴近用户才能第一时间抓住市场的核心需求，只有重视抱怨才能始终保持前进的步伐。

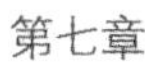

第七章
开放心态，把朋友弄得多多的，敌人弄得少少的

1. 把心打开，合作才能带来机遇

无论对内对外，雷军的态度始终如一。他说："对我们这么小的公司（而言），最重要的是广泛结盟，以开放心态来合作。"是的，把心打开，开放包容，合作才能带来机遇。

人们总是认为，竞争就是你死我活，竞争双方注定是冤家对头。实际上，"和而不同""不同而和"才是商场上永恒不变的法则。

当年雷军一再拜访日本夏普公司，表达了强烈的合作意愿。然而夏普方却一直不接招，频频让雷军吃"闭门羹"。为了撬开对方紧闭的心扉，雷军多次和夏普谈判，一遍又一遍地谈论着小米团队的优势，和自己对于小米未来的畅想。结果夏普始终不愿意和小米合作。

原来夏普曾经和国内的一些手机厂商合作过，但是过程都不太愉快，总会出现这样那样的问题。这些经历让夏普彻底关闭了与国内手机厂商合作的大门。

雷军看准了夏普的技术优势，他实在不愿意放弃和这家老牌手机厂商合作的机会。2011 年，日本发生大地震，地震又引发核泄漏危机。就在这个特殊的时刻，雷军居然亲自飞赴日本，如期出现在夏普公司的谈判桌上。夏普的人感动了，最终答应了这次合作。

如今，小米已成为夏普在亚太地区最大的客户。

小米与夏普之间的合作十分愉快。随着小米的业务蒸蒸日上，名气越来越大，夏普方获益良多。如果当初夏普没有及时打开心结，何来今天的回报？

合作才能带来机遇。事业上与同事紧密协作，能增进感情和默契度，更好地完成工作；商场上与对手保持友善的关系，积极资源共享，会有更大的机遇来临。

人生贵在合作。很多的伟大的企业都拥有着一份不朽的合作精神。若能始终保持开放的心态，将合作进行到底，便能完成很多看似不可能的奇迹。

一根绳子拴住了两头驴，农人在两边的食槽里各放了一堆草。两头驴同时行动，反向去吃自己这边的草，可是绳子不够长，它们你争我抢，谁也不肯退让一步。

两头驴从清晨闹到天黑，结果还是肚子瘪瘪，饥肠辘辘。如果他们能够共同协作，先帮助一只吃饱，另一只再吃，这会儿早就悠闲地躺着打瞌睡了。

合作才能让你走得更远，遇到危险的时候更是如此。正如巴尔扎克所说：“单独一个人可能灭亡，两个人在一起可能得救。”

面对恶狼的侵袭，羚羊的头领会在第一时间决定，由老羚羊先跳出第一步。等老羚羊跳出后，年轻的羚羊经过一番蓄力，用老羚羊的背当作跳板，再准确无误地落在对面的悬崖上。

老羚羊和年轻羚羊的合作带来了这个族群生存下去的希望。如果在面对危险的时候，它们都只考虑自己的利益，只能导致全军覆没的结局。

只要你把心打开，以善意、包容的眼光看待一切，并积极寻找合作机会，就会有更大的惊喜等在后面。

改革开放后，台湾巨大集团来到内地，找到凤凰自行车公司，表达了迫切的合作欲望。面对巨大集团派来的谈判代表，凤凰内部人员一口回绝。在他们看来，凤凰的技术优势是内地其他商家无法比拟的，又有那么多优秀的工程师，市场上的小企业根本没法比。

巨大不死心，一再表示愿意为凤凰投入更多资金。几番“恳求”下，凤凰才勉强同意合作。尽管已站在同一阵线上，凤凰对巨大的态度却比较敷衍，关于一些商业机密更是遮遮掩掩。巨大一度很焦虑，强调说，如果两家的关系不能更紧密、更团结，所谓的合作就是纸上谈兵。这样随着市场环境的变化，凤凰和巨大都会失去更多的机遇。

然而，凤凰对此却并不伤心。结果没过几年的时间，内地的自行车中小企业如雨后春笋般纷纷成立，并以低廉的价格迅速占据了原本属于凤凰的市场。面对忧心忡忡的凤凰，巨大提议道："不如升级内部品质，以质取胜。"

面对合作伙伴的建议，凤凰再一次置若罔闻。他们将国内市场转移，一边吃着老本，一边借着出口这条路过了几年安稳日子。谁知随着中国加入 WTO，自行车关税增加，凤凰被时代巨浪卷倒，爬也爬不起来。

凤凰的失败与他们始终无法正确认识到合作的好处、封闭心胸、盲目自大有关。

与此同时，巨人集团却在其他合作伙伴的帮助下，在市场上站稳了脚步。他们积极研发技术，终于让经典的自行车品牌"捷安特"亮相于世人面前。

老话总是说"一个和尚挑水喝，两个和尚抬水喝，三个和尚没水喝"。这是在劝导我们人不能只盯着眼前的蝇头小利，互相猜忌互相使坏。若将一颗真心紧紧地包裹起来，只留下一副冷漠、虚伪的面孔应对世人，只能落得一个腹背受敌众叛亲离的下场。

雷军说："开放和合作是互联网公司成功的关键。互联网首先是一张无边无际的网，每个人都是节点，互联是互联网成功最关键的要素。任何封闭式的业务模式都会遇到很大挑战。"

互联网时代要求人们更加注重合作。知识、技术不断推陈出新，社会需求越发多样化，无论是个人还是企业都很难应对如此激烈的竞争，唯有把心打开、协调行动、共同合作，才能得到机遇的垂青。

2. 适当让一步，双赢才是生存之道

雷军的人生哲学是“把朋友弄得多多的，把敌人弄得少少的”。他也说过，有时候适当让一步，反而能取得商业上的成功。双赢才能持久，双赢才是最靠谱的生存之道。

正所谓“一枝独秀不是春，百花齐放春满园”。在如今的商业社会，“单枪匹马打天下”早已成为过去式，合作共赢才是现在进行时。

当合作成为社会发展的主流方向，资源共享、各取所需的合作模式便越来越受欢迎。

2017 年，一个消息引爆了网络。广大网友们奔走相告：“小米和百度要合作了!”

虽然不知道小米和百度具体合作的项目是什么，很多人却美滋滋地道：“这两大巨头凑在一起准有好事发生!”

11 月 28 日，筹备多时的 IoT 开发者大会如期召开，小米和百度正式宣布将展开合作。雷军说，双方将携手共建软硬一体“IoT + AI”生态体系。末了，他激动补充道：“要把我们的伙伴搞得多多的，把我们的敌人搞得少少的!”

在智能硬件、大数据、应用场景等方面，小米的技术优势很明显；而百度 AI 则一向很关注平台化和生态化。小米与百度虽然聚焦点不同，但同样对互联网市场虎视眈眈。这一次，双方各让一步展开合作，必能带来共赢的局面。

纵观人类发展历程，竞争是一个永远也避不开的话题。没有竞争，个人无法成长，社会无法进步，时代无法前行。但竞争不是唯一的主题，勾心斗角、尔虞我诈的竞争更是要不得。

玩过“俄罗斯方块”这个游戏的人都知道，只有让形状各异的方块灵活组合挪移，不停地“取长补短”，才能取得胜利。合作才能共赢，玩游戏都得遵循这条真理，创业何尝不是？

每个企业都想实现利润最大化，这无可厚非。然而，作为一个有梦想的企业，千万不要将个人利益定为最高追求。在商场上，双赢才是最高境界。

无论是企业和客户，还是企业与员工，又或者企业与企业，并非只能存在着一种对立的关系。它们完全可以站在同一战线上，通过交流、合作达到利益上的共赢。

当然，无论是社会资源的分配，还是企业的经营管理，都很难做到兼顾所有。若真的发生利益上的冲突，不要为了那点好处与别人撕破脸面，适当让一步，在竞争中和睦拥抱，以合作换取双赢。

以退为进，方能风平浪静、海阔天空。关于这一点，古今中外都有不少实例。

咸丰年间的乔致庸是历史上有名的晋商翘楚。突如其来的家庭变故让乔致庸不得不放弃了科举梦想，转而经商。乔家的生意都在包头，因对头邱家的恶意陷害，此时已经变成了一个烂摊子。当乔致庸赶到包头的时候，要债的商家团团围住门口。

乔致庸巧妙设计，不仅成功渡过了难关，还让邱家陷入了两难的境地。邱老东家面如死灰，他绝望地等待着乔致庸的致命一击。就在这个时候，乔致庸却亲自登门道歉。邱老东家瞪大了双眼，立时便对乔致庸心服口服。两家化干戈为玉帛，成为紧密的合作伙伴。

乔致庸的退让不仅迎来了对手的尊重，还使得包头市场重新处于诚信、义利的氛围中。而他对于双赢原则的坚持，也为自己、为他人赢得了更大的市场。享誉全球的苹果与微软公司也曾在一次对抗与合作中彻底明白了这个道理。

1996 年的苹果公司濒于破产边缘，随着利润大幅度下跌，员工也相继出走。所有人都在安静等待着苹果公司的轰然倒塌，就在这时候，微软公司 CEO 比尔·盖茨却决定拿出 1.5 亿美元的巨额资金拯救苹果。比尔·盖茨的做法让业内人士议论纷纷，不敢置信。

原来，在这之前，苹果公司一再对外宣称说微软公司存在市场垄断的恶性商业行为。还说苹果 Mac OS 操作系统的用户界面设计被微软的 Windows 操作系统抄袭。面对苹果公司的指责，微软公司一度也是愤愤不平，双方甚至为此闹上了法庭。之后苹果由于管理不善面临危机，所有人都认为微软会趁此时落井下石。然而，比尔·盖茨却选择退让一步，主动伸出了援手。微软的投资让苹果公司“满血复活”。

没过多久，史蒂夫·乔布斯以掌舵人的身份重新回归苹果，他当即放弃了对微软公司的诉讼。

微软与苹果选择各让一步，从你死我活的竞争对手变为并肩同行的合作伙伴，这不仅对各自的发展有好处，就连整个市场也变得秩序严谨，稳固夯实起来。

适当让一步，便能让出合作的空间，实现共赢的理想状态。当两个人合伙做生意，利润五五分成很公平。但若两个人都愿意只拿 80% 的利润，将 20% 的收益重新投资于下一次生意中，再次协力合作，他们就有赚更多钱的机会。捂紧口袋，生怕被对方占了便宜，或者为一点小钱争吵不休，就彻底扼杀了并肩奋战的可能。

只有学会与别人分享，适当让出利益，才能形成最稳固的企业关系。与其互斗不休，不如痛快携手，集中有限的资源去创造出更大的奇迹。

3. 时刻带着放大镜去看别人的优点

创业这么多年来，雷军堪称阅人无数。他表示，看人要看优点，更要时刻带着放大镜去看别人的优点。

他曾在微博上发言称：“我们每个人都会自觉不自觉夸大自己能力和贡献，自觉或者不自觉贬低别人的能力或者贡献，只有用放大镜看别人的优点和贡献，也许才是真实的。”

把他人视为一面镜子，若不能客观认识他们，便不能正确应对自己。要以显微镜看人缺点，用放大镜看人优点。

有一段时间，雷军特意跑到中关村的软件销售摊位，从卖软件入手，一步一步学习营销。他不会吆喝，不会招揽生意，便不停地向旁边摊位的人请教。在那时候的他看来，这些“软件贩子”在销售上各有秘诀，都是他的老师。

除此以外，雷军每年都会去拜访台湾的顶尖公司，寻找别人的长处来学习。有一次，雷军受邀去一家企业参观。他无意中发现，对方的员工会习惯性地将源程序放在一只巨大的保险柜里。同行的人不以为意，雷军却啧啧称赞。回来后，他立马赶到当地银行租了一个保险柜，将金山所有的源程序都装了进去。

还有一次，雷军在另一家企业发现一间特殊的屋子。他围着屋子转了转，发现四面墙上、桌子上摆满了公司经营的沙盘模拟。“这简直是一间作战室！”雷军不由脱口而出。征得同意后，他拿起相机“咔擦咔擦”拍了起来。结果，他在那家企业逗留了六天，拍满了六卷胶卷。

时刻带着放大镜去看别人的优点，是雷军在多年实践中总结出的宝贵经验。他说，只有这样才能吸收别人的长处，以包容开阔的心胸结交更多朋友。高高在上的人，无论能力有多强，一味满足于自己的成绩看不到别人的优点，最后都只能被别人超越。

在如今的社会中，为人处世刻薄小气、目空一切者，绝不会有什么大出息。茶杯想要承接更多的茶水，就要放得比茶壶低。懂得放低姿态，才能获得更多。

越是身处高位的人，就越是谦虚。他们善于发现、挖掘、发扬别人身上的闪光点。正如成熟的麦穗，承接了越多的阳光和营养，便越是低头垂向地面。

从金山到小米，这一路走来，雷军始终紧握着他的“放大镜”。小米手机诞生之前，国内智能手机市场一分为二，以苹果为首的品质一流价值不菲的国外手机厂商占据一派，另一派则被以酷派为首的性能一般价格低廉的国产手机厂商占据。雷军仔细研究这两派，认为它们各有其长各有其短，小米只有将两派之优点集于一身，才能杀出一条血路。

于是，质优价廉的小米横空出世后，迅速聚拢了大批的“发烧友”。而小米身后的模仿者们，却一面羡慕小米的成功，一面对小米的模式评头论足，挑剔十足。

殊不知正因雷军拿着“放大镜”，才能源源不断地将别人的优点转化为自我的优势，始终让小米处于不败之地。

20 世纪 90 年代，惠普公司决定将一名普通的推销员破格提拔为分公司的经理。这件事在公司内部引起很多争议，原来这名推销员曾经进过监狱。背地里，很多人嘲讽道：“蹲过监狱的人也能当经理？那岂不是人人都能坐上那个位置了？”

惠普公司的副总裁为此特意召开了一次会议。他将这名推销员的业绩摆在众人面前，语重心长道：“别只顾盯着别人的缺点，曾经的过错不能代表现在，好好看看他们的优点！如果你们也能做到这样的业绩，这个位置就是你们的了。”

原来，这名推销员平日里工作兢兢业业，在别人将8000美元的销售额视为最高目标的时候，他的销售额却达到了平均2万美元。

山的风景千姿百态，人的优点各有不同。我们对于自己的光芒万分呵护，对于别人的长处却视而不见。时刻拿着放大镜去看别人优点的人，必然心胸宽广，人缘极佳；时刻对别人的缺点指指点点不屑一顾的人，往往内心阴暗，朋友极少。

每当克林顿·希拉里谈起儿时的一件往事，便诸多感慨。那一天，父亲牵着小希拉里的手，走在公园中的时候，一个包得严严实实的老太太从他们身边经过。看着那步履蹒跚的老太太，小希拉里稚声稚气地道："爸爸，你看，那老太太走路的姿势真难看！"

父亲的神情严肃了起来。他蹲下来对女儿说道："希拉里，你要知道，能时刻发现别人的优点是多么难得的一项本领啊！那位老太太虽然身体不适，但她一直十分专注地赏花看云，她一定是个极其热爱生命、热爱自然的人！你不觉得她其实很美吗？"

小希拉里有点羞愧，她注视着老太太，这才发现她面上的皱纹如菊花一般绽开，在春天的阳光下散发着淡淡的光泽，真的很美。从那时候起，希拉里懂得了一个道理，原来每个人都有值得欣赏的地方。

雷军的"朋友圈"高人辈出，能人荟萃，是因为他极其善于发现别人的优点。在金山，他与求伯君、张旋龙共事16年，几乎没有吵过架红过脸，与他始终保持着谦虚自省的态度有关。组建小米团队的时候，雷军总会习惯性地挖掘别人的优点，并刻意放大。

不会合作的人注定失败，对别人长处视而不见的人走不长远。时刻带着放大镜去看别人的优点，别人也会以善意的目光回馈于你。

4. 让眼睛里能够揉进沙子

有人评价说，雷军是个不断往眼睛里揉沙子的CEO。而雷军自己则表示，作为一个领导者，首先需要学会的是妥协，要习惯于忍受“bug”（漏洞）。

妥协不是退让。你的坚持得分场合，也要看事情。身为一个领头人，不顾大局地认死理，让人无法交流和沟通，是迂腐和顽固的表现。

雷军说，当他从一个完美主义者，变成一个眼里能够揉进沙子的管理者的时候，他已经成功实现了从普通程序员到职业经理人的身份转换。

在金山的时候，雷军事无巨细，凡事亲力亲为。有时候雷军正在给员工作培训，无意中瞥见地上落了纸屑，他第一反应就是停下来，快步走过去将那张纸屑捡起来。有时候他正在开重要的例会，桌子上的灰尘经常会打乱他说话的节奏，扰得他心神不宁。

一次出差途中，雷军利用休息时间翻看卓越网的网页。他发现有一张网页做得不是他想象的样子，立马揪起心来。随后他写了一封 E－mail，那上面足足列举了 150 多条意见。

这样的事情多了，身边的人提醒他说："要是你整天管这样的事情的话，你的企业根本就不能往前走。"雷军愣了，仔细琢磨起这句话来。

身为一名技术人员，雷军严谨而认真。在他看来 0 和 1 的距离相隔遥远，如对与错、楚河汉界般，泾渭分明。每逢金山推出新产品，雷军总会反复试用，并不断提出反馈意见。这不仅消耗了他的耐心，更占据了他大量的时间。

后来，当雷军试着让眼里揉进沙子的时候，他身上程序员的影子逐渐淡去，心态也变得比以前更开放包容。

"在创业型的企业里面，找问题实在是太容易了。"雷军说，他以前会死揪着这些问题不放，非得闹个清楚明白，而他现在却学会了反过来看。做企业正如用人："这个小马一看上去就不合适，你要容忍他现在的能力和他身上一些不完美的东西，然后告诉他怎么样才能够进步，再通过学习和培训帮助他提升能力。"

他强调说，小马能够拉动大车的核心在于宽容，要让眼睛里揉得进沙子。

企业业务繁杂，领导者的精力再旺盛也有限。如果事无巨细均亲自处理，第一时间将它们解决，恐怕会累得够呛。

面对那些无关紧要的、不损利益的小事，不如宽容一点，睁一只眼闭一只眼，等到时间充裕了再慢慢解决。

所以雷军说：“容忍很重要，这些事情你是需要管的，但现在可能没有必要管，可以过一段时间一步一步来收拾。”

对内如此，对外也是如此。针对一些不伤原则的小问题，斤斤计较不如适当包容，暂时将那些规定放在一边，可能会带来一些意想不到的“奇遇”。

李嘉诚曾接到一笔订单，来自国内一家贸易公司。对方从李嘉诚的公司订了一批玩具想要运往国外。当装满玩具的货船万里迢迢赶到目的地的时候，这家贸易公司的负责人却临时给李嘉诚打了个电话。电话里，对方不停表达歉意，并表示愿意补偿损失。原来，这家贸易公司的外国买家因为资金问题无法收货。

一开始，李嘉诚很生气。他一向做事严谨，若是在自己的公司，他敢保证，根本不会出现这样的失误。按以往的处事规则，他会立马追究对方的责任，要求对方双倍赔偿。但这一次情况却有点不同。因为这批玩具很有市场，不愁没有顾客。就算白跑一趟，也只是损失点人力路费而已。想到这，李嘉诚回绝了对方的赔偿。

就在李嘉诚快要把这件事情忘掉的时候，却有一家知名国外公司找上门来要求合作。细谈之下，李嘉诚才知道，这笔大生意是之前那家贸易公司介绍的。

这件事给李嘉诚留下了深刻的印象。从创业以来，他一直是个眼里进不得沙子的人。他严格遵守商场规则，也一直拿这套规则要求合作者。让他没想到的是，一次偶然的包容竟为公司的发展带来了巨大的突破。

当然，放弃原则的妥协便是失去了这种“能屈能伸”的适度与分寸。雷军说，让眼睛里能够揉进沙子，是为了大局考虑。过度迁就，委曲求全不是他的本意。他的意思是，为了实现主要目标，我们可以容忍次要目标上的一些不重要的瑕疵缺陷。

“万通六君子”之一的冯仑在他的《理想丰满》中写道：“在从现实走向理想的过程中，我们要学会妥协，因为通向理想的道路，通常是不确定的和曲折的。”

而在另一本著作中，他说：“企业最强大的竞争文化就是包容，但包容不等于包庇。包容的前提条件是为了一个共同的利益——企业利益，而不是私利。”

记住，面对生活，适当的妥协很重要。容忍眼睛里的沙子，是因为有时候它的存在合理且必要。智者说，妥协是一门艺术，就像是在两个截然不同的数字间徘徊，再锁定一个公约数。尤其对于领导者来说，妥协与包容尤其需要把握尺寸。

5. 口水战没有意义，与敌人并肩前行

“如果我们能克制贪婪又保持开放的心态，朋友理论上会越来越多，因为我们和别人竞争的可能性就减少了。”雷

军如是说。

雷军对口水战的态度是无奈与懊恼。他多次强调，隔空打口水战没有意义。与“敌人”互相拆台互相打压，还不如共同成长，并肩前行。

年轻的时候，周鸿祎曾当着雷军的面将盘古组件批得一无是处。突然间，雷军不说话了，默默看着车窗外抽起了烟。气氛变得很尴尬。在周鸿祎做方正飞扬电子邮件期间，有一次，雷军去他家做客，他们就这个项目聊了起来。雷军坦率地说：“你这是在马桶上绣花，绣得再漂亮，它还是一个马桶。”周鸿祎的脸顿时便拉了下来。

梁子似乎就这么结下了。雷军执掌金山之时，周鸿祎创办 360 做起了免费杀毒软件，两个竞争对手之间的矛盾彻底被激化。在外界看来，他们的关系降到了冰点。

当小米逐步发展壮大的时候，360 也开始做起了手机，雷军被迫与周鸿祎打了几场口水战。到了 2015 年的互联网大会，周鸿祎躲在一旁，睡得正香。不远处，雷军侧着身子，对这位多年的老对手“怒目而视”。这一瞬间恰好被抓拍了下来。网友评点说，班主任盯着偷懒睡觉的学生的时候，就是这副恨铁不成钢的表情。

就在大家认为他们的敌对关系不可能修复的时候，2016 年的互联网大会上，雷军和周鸿祎却出人意料地坐在了一起。两位大佬春风满面，不时交头接耳亲密会谈。

在雷军看来，他与周鸿祎虽一直是竞争对手，却也一路在并肩前行。从一个普通的程序员慢慢成长到如今的雷厉风行独当一面，二人走过同样的路。未来，他们随时可能展开合作。

美国商界流传着一句话：“如果你不能战胜对手，就加入到他们中间去。”不是朋友就是敌人的惯性思维被打破，既竞争又合作的新型商业模式将传统的行业恶性竞争挤在一边，“1 +1 >2”才是王道。

市场趋势变幻莫测，现阶段，企业所面临的问题是如何才能更好地与敌人并肩前行。领导者尤其要保持开放心态，不能沉浸在口水战里不能自拔。

放下无谓的口角纷争，化敌为友，优势互补，才有可能走出灿烂的未来。

2011 年 7 月 6 日，金山与腾讯携手向外界公布，双方将进行长期、紧密的战略投资合作。这个消息一传出，就有人“不怀好意”地打听雷军此时的动态。

原来，YY 语音作为“雷军系”的一员大将，曾与腾讯针锋相对，你来我往地打过几场激烈的口水战。腾讯一度想要封杀 YY，YY 更是直白宣称“腾讯的敌人就是我们的朋友”。除此外，小米与腾讯的过节也不浅。小米率先推出米聊，而腾讯的微信却几乎将米聊的市场挤压得退无可退。微信的后发制人让米聊草草退场。

雷军与金山的关系众所周知，眼瞧着身边最亲密的“战友”与宿敌结成了联盟，还不得立马崩溃？人们好奇雷军的想法，雷军却坦然道："我们确实有不少业务和腾讯竞争，但是在今天的江湖里面，可能每家都要用开放合作的态度来看待市场变化，既竞争又合作是未来所有企业面临的话题。"

1992 年，董明珠被指派到南京，全面接手格力的江苏市场。在偶然的机会下，她认识了苏宁的老板张近东。空调淡季的时候，张近东没来得及与董明珠联系，将货款结清。到了旺季，张近东找董明珠要货，对方却坚决不给。一气之下，两人在电话里吵了起来。

张近东生气地说："我给你 500 万，你为什么不给我货？"董明珠却坚持，她说格力与"江苏五交化"早已定下协议，苏宁的货格力就是不能给。两人在电话里竟互骂了四十多分钟。

苏宁与格力的"仇"就此结下了。此后两家一直保持着敌对关系，几乎称得上老死不相往来。到了 2016 年，坚冰却被打破。那一年春节前十天左右，张近东亲自去往珠海格力电器总部拜访董明珠。双方对谈和谐，气氛融洽。此后，董明珠也频频去南京回访张近东。最后两家商定，要在 3 月 1 日让格力空调重新进入苏宁卖场。

美国作家霍伊曾说："能让你循规蹈矩的，通常是你的敌人。一个有利用价值、积极讥讽你的敌人，抵得上两个普通朋友。新时代里，有时间打口水战，不如与敌人携起手来、并肩前行，共同开拓新的商机新的市场。

雷军频频被卷入口水战中，事后，他总结说，面对恶意竞争者，不要在负面舆论的刺激下做出种种不得体的言行。身正不怕影子歪，就不怕恶意诋毁。与其和对方打口水战，不如冷静分析、沉着应对，找出解除危机的最佳方法。

面对敌人，他始终提倡合作要大于竞争。他曾经说年轻人在大学期间必须要做的一件事情是和同学打“拖拉机”，这能够帮助他们体会真正的合作精神。

与“敌人”结成战略联盟会使得双方更具竞争优势。而口水战却是意气之争，不理智又没有意义。在雷军的把控下，小米从未试过不顾一切与别家抢生意。

对于小米来说，始终与竞争对手们保持友善的关系，亲密合作才是第一要紧的事情。如果说，“对抗”是传统竞争理念的核心，“并肩前行”则代表着充满希望的未来。

6. 威胁在哪儿，就朝哪儿学习

每当雷军提到最大的竞争对手华为，总会给出正面、积极的评价。面对来自华为的威胁，雷军称：“华为也是中国企业的骄傲，当然，华为今天之所以做得很好，我认为也是小米的贡献。”

优秀的敌人，往往是最佳的学习对象。如果你容不下对手的优秀，就是在扼杀自己的未来。所以雷军总是对身边的人强调，威胁在哪儿，就朝哪儿学习。

2007 年 5 月的一天，雷军突然接到了周鸿祎打给他的电话。周鸿祎说，他正在接触一家做游戏语音的公司，想请雷军给他把把关。雷军查了查这家公司的资料，发现他们主要在做一款在线群聊语音产品，叫作 iSpeak。雷军看了很久，还是觉得 iSpeak 很有前途，他便拉来了多玩的李学凌，希望能和他一起投资 iSpeak。

李学凌一看，iSpeak 的在线人数少得可怜，顿时失了兴趣。雷军和周鸿祎便撇下他，为 iSpeak 注入投资。让李学凌惊讶的是，iSpeak 的同时在线人数极速攀升，很快便达到了 5 万，而且它对多玩的业务隐隐造成威胁。李学凌当时便懵了，思虑良久，他决定听从雷军的建议正视 iSpeak 的优势，分析自我的劣势，在此基础上重新开始。

2007 年 9 月，多玩开始研发 YY 语音。就在 YY 语音拼命学习 iSpeak 的长处的时候，后者却始终在原地踏步。

当 YY 成为行业最大赢家的时候，iSpeak 却被远远甩在了身后。这就是向优秀对手学习的意义。

在职场这辆快速列车上，竞争对手是助你步步高升的阶梯。你在哪儿感觉到威胁，就要朝着哪个方向积极探索学习。在创业这条路上，给你带来巨大压力的同行同时也是你前行的榜样。承认自己的不足，汲取他们的长处，才能解除眼前的危机，一举成为别人的威胁。

美国加利福尼亚大学曾将美国一千多名成功人士列为研究对象，进行了一系列的分析比对。最后，他们发现这些成功人士的共同点是：威胁在哪儿，就朝哪儿学习。

成功人士大多感恩对手，感谢竞争。他们不惧威胁，不惧失败，一面以忧患意识面对一切，始终保持头脑清醒；一面以乐观的心态处理危机，一路激昂奋进。

当威胁悄然而至的时候，他们会第一时间意识到自我的“短板”，虚心地低下头来，向对手学习。看到对手的长处，他们从不吝于赞美，也不会轻易认输。

当初米聊不敌微信，有网友替米聊抱不平，说微信涉嫌抄袭。面对日益喧嚣的流言，小米公司副总裁尚进坦然回应道，小米实实在在地败在了微信手上。他由衷赞叹道：“腾讯确实是一家伟大的公司，在IM领域的积累非常深厚。”

雷军自信道：“跟腾讯竞争不是一件容易的事情，但是我很骄傲。”他说，微信虽然给米聊带来了巨大的打击，但它同时是米聊学习的榜样，米聊还在茁壮地成长。

有人问雷军如何看待OPPO的快速增长，雷军强调说，OPPO是非常值得尊重的中国企业，他真的希望中国能涌现更多小米、华为、OPPO这样的企业。之所以这样说，是因为雷军明白，竞争对手的进步其实等同于自己的进步。

若一味将竞争对手视为“眼中钉”“肉中刺”，老是琢磨着怎么将它们赶出市场，非但无法削弱对手的力量，还可能摔得很惨。让你腹背受敌的“威胁”，也能促使你壮大。只要你始终保持着开放包容的心态，只要你善于学习和模仿。

eBay进入中国市场的时候，阿里巴巴受到了严重的冲击。这一次，马云将对手瞄准了 eBay 及其 CEO 梅格·惠特曼。他酝酿起了一个新项目——淘宝。

CTO 吴炯对马云的想法极为担忧。在新项目启动之前，吴炯忧心忡忡地找到了马云，开门见山道："你究竟怎么才能斗得过 eBay?"

在吴炯看来，eBay 带来的威胁是实打实的，阿里巴巴不能硬碰硬。马云却劝慰他说，eBay 的优势值得学习。为了应对这次冲击，他决定效仿 eBay 进入电商领域。

"淘宝秘密小队"潜伏在湖畔花园，成员们卧薪尝胆，又一次踏上了奋斗的征途……

如今，淘宝的辉煌战绩大家有目共睹，eBay 却彻底退出了中国市场。马云在面对强大对手的时候没有退缩。而正是因为主动模仿对方的道路，才实现了今天的一切。

三星的李健熙也曾带起员工模仿、学习对手优势的狂风。每当嗅到危险的味道，寻常企业的做法可能是逃避。而三星却会主动迎上，勇敢地接受撞击。三星立志于做到第一，所以威胁在哪儿，他们便朝哪儿学习。

索尼给三星带来巨大的威胁。而后者便将索尼列为了角逐、学习的目标。当三星最终明白索尼之所以能够成就霸主地位，主要是因为后者能不断开发新技术的时候，三星的努力有了方向。在索尼商场哲学的基础上，三星总结出了一套完整的经验。有人说，如今的三星，已经超越了当初的老师"索尼"。

能够称得上是对手的人，他的实力已被验证。想要战胜他，就得时刻怀揣一颗“取经的心”，并用它来向对手致敬。

7. 扶持别人就是扶持自己

2004 年，雷军化身为天使投资人，他很快便适应了这个新身份。雷军一再强调说扶持别人就是扶持自己，而天使投资就是他回馈社会的方式。

创业，离不开相互扶持。帮助别人成功，其实是在为自己的未来铺路搭桥。当你诚心诚意地付出了善心，自然也会收获善的回报。

雷军与晨兴资本的刘芹便是互相扶持、互相成就的典型。

2000 年，因着一个偶然的机会，刘芹与邹胜龙相识。后者 2003 年从美国回到内地创业，成立了迅雷公司。刘芹因忙着其他的业务没来得及进入迅雷的第一轮融资，但他同时觉得迅雷前景无限，思来想去，他将迅雷推荐给了雷军。果然，当雷军成为迅雷的天使投资人后，这家公司越来越热火，几乎成为当年的明星公司。

雷军感恩刘芹当初的引荐，便将自己十分看好的 UC、YY 介绍给刘芹。刘芹亦从中获益良多。他们多次合作投资公司，每次合作都能带来更多的商机。

在做小米之前，雷军曾给刘芹打了一个十分漫长的电话。那天晚上，为了说服刘芹，成功拿下 500 万美元的融资，雷军与刘芹足足聊了一个通宵。后来他回忆说，当自己三个手机的电量都被耗尽的时候，这通长达 12 小时的电话才被迫截止。

放下手机后，刘芹一面望着窗外微白的天光，一面迅速作下了一个大胆的决定。他要支持雷军！没过多久，雷军便收到了来自刘芹的巨额投资。事后刘芹笑嘻嘻地说："我一直在等着你什么时候给我打这个电话，我晚上睡不着觉了，现在你终于给了我这个机会。"

当小米成为市场上估值最高的独角兽公司的时候，刘芹不禁为自己当初的选择感到庆幸。刘芹与雷军的合作向来是"一加一大于二"。在事业的不同阶段，他们一再选择优势互补、互相帮助，终于成为彼此的贵人。

创业至今，雷军一直保持着开放的心态。对他而言，开阔的眼界和合作的格局是创业成功的基础。曾有人这样问雷军："投资人和 CEO，你更喜欢或者更适应哪个身份？"

"不存在更喜欢或者更适应哪种工作。"雷军摇摇头，笑着说："我喜欢做那种有预见性的尝试，做 CEO 的时候是奔着一个目标去，现在做投资人了，突然发现可以实现好多梦想，也挺幸福的。"帮助别人实现梦想，自己的梦想也随之盛开绽放，那种幸福感是无与伦比的。

在雷军看来，在企业初创阶段，资金是最大的问题。那些钱对于一个成功的企业家来说也许不算什么，对于创业者来说却至关重要。投资是在商场上播撒希望的种子，付出一点点资金扶持别人，你将收获一个绿意葱茏的未来。

天使投资人的另一项义务是和创业者分享这一过程中的成功和失败。创业是孤独的旅程，当你为别人消解了苦闷、指点了道路，同时也是在激励自己上进，为自己的未来添油加彩。

截至 2017 年 7 月，一共有 89 家生态链企业得到小米的投资。这些企业中，估值超过 10 亿美元的有 4 家，年销售过亿的有 16 家。

外界将雷军的投资版图概称为“雷军系”，雷军自己却说：“他们只是雷军的朋友圈，而不是雷军系。”帮助更多人成功，你才能越来越成功。

当雷军的朋友越来越多，他的未来也越来越明朗。当小米的投资网越张越大，直至坐拥互联网界的“半壁江山”，小米的路也越走越宽。

周鸿祎说他做天使投资的原因很简单，当年他创立奇虎 360 的时候曾得到过红杉资本、IDG 等企业的帮助，从那以后他觉得自己也有责任去帮助别人，把知识和经验传递下去。

周鸿祎和沈南鹏认识得很早。那一年周鸿祎去人民大会堂开会，会议结束后，他冒着大雨站在路旁等车。身边有个人向他打招呼，周鸿祎回头一看，发现是沈南鹏。于是两人便一边等车，一边聊了起来。那时候周鸿祎刚刚辞去雅虎中国区总裁职务，一直琢磨着想要去创业。沈南鹏笑着说自己也要出来做投资了，如果周鸿祎以后创业需要资金，一定要去找他。沈南鹏的热情让周鸿祎印象深刻。

后来周鸿祎为奇虎公司拉投资的时候，他第一个想到了沈南鹏，后者已成为红杉资本中国创始合伙人。周鸿祎回忆说："当时也没搞明白我们在做什么，沈南鹏就决定投了。"见沈南鹏仗义如初，周鸿祎心里颇有感触。

当奇虎 360 的业务蒸蒸日上的时候，红杉资本在中国的影响力也达到了顶峰。这一切都有赖于沈南鹏当初的那次义举。这以后，周鸿祎也设立了属于自己的天使投资基金。他力所能及地去帮助年轻创业者，以自己的方式去回报社会。

成就别人的人，终将成就自己。这是生意场上通行的道理。想要让事业更上一层楼，就要尽量克制人性中自私与功利的一面，学会感恩，并尽可能地去帮助别人。

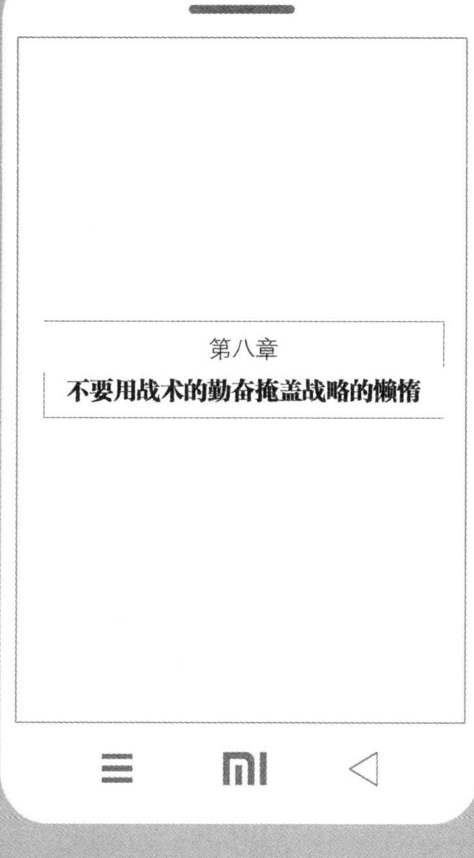

第八章

不要用战术的勤奋掩盖战略的懒惰

1. 保持好奇心，才能找到战略上的突破

高级工程师出身的雷军曾面向广大程序员提了几点建议，他强调说："计算机技术更新换代非常快，每年都有各种各样的新技术出现。需要时刻保持好奇心，不断学习各种新的东西，才能在未来的几十年职业生涯中不落伍。"

好奇心是事业破局的关键。唯有时刻保持好奇心，才能始终保持竞争力，成功找到战略上的突破。

雷军的好奇心是天生的，小时候他喜欢发明一些稀奇古怪的东西。

有一次，母亲工作到很晚才回来，不得不摸着黑点火做饭。小雷军在旁边开动起了脑筋，心想他得做一盏移动的照明灯为母亲照明。第二天雷军便动手实施起来。他买来两节干电池、一只灯泡，把它们安装在小木匣里，再接上电线，灯泡立马就亮了。这盏简易小灯给家人的生活带来了极大的方便，让邻居们称赞不已。

长大后，雷军的好奇心与日俱增。上大学的时候，他一有时间便钻入著名的"武汉一条街"，一家家拜访那儿的 IT 公司及店铺，不厌其烦地向他们请教一些专业问题。后来他

又对加密软件产生了兴趣。他和学长王全国一起，组成了“黄玫瑰小组”，只花了不到一个月的时间，便研发出了一款实用性很强的加密软件。他们将它命名为“Bitlok 0.99”。后来，Bitlok 0.99 风靡市场，让雷军顺利赚到了第一桶金。

好奇心让雷军迈入了 IT 行业，并逐步修炼为程序高手。每逢遇到事业上的拐点，雷军的好奇心都能帮他找到新的出路。

置身于 IT 行业的人，如果没有足够的好奇心，很容易被淘汰。从一开始，雷军就深深意识到 IT 行业的竞争压力有多大，计算机技术更新换代有多快。他说：“在我过去的职业生涯中，仅编程语言，我就用过 basic、MASM、pascal、c++、vba、Delphi、java 等。”

而他在埋头工作的同时，对外界信息亦抱着强烈的兴趣。雷军的床头、茶几上、办公桌上整齐码放着一摞一摞的技术杂志，方便他经常翻看。除此外，雷军还经常和技术高手们组局交流，这让他对行业内的动态了若指掌。

如果雷军对新事物没有足够的兴趣，就不会发现原来这个世界每天都在变化。这种刻苦钻研的劲头一路伴随着他从技术人员做到了管理层。后来之所以研发小米，也是因为他对数码产品、尤其是智能手机一直抱着浓厚的好奇心。

因着这份好奇心，雷军始终能够找到战略上的新思路。比如说，“国产第一系统”MIUI 的诞生。如果当初雷军对手机操作系统及硬件开发没有这么大的热情，MIUI 不可能是今天的样子。

这个世界并不缺少成功的机会，只是缺少发现机遇的眼睛。好奇心能让你脱离麻木、蒙蔽的状态，变得尖锐、敏感起来。这样一来，无论身处何种境地，都能比别人更快一步找到出路，成功突破现有的处境。

可以说，时刻保持好奇心，才能时刻保持战斗力，以激昂饱满的精神迎接每一天。

曾鹏宇曾担当小马奔腾总经理一职，某次讲座中，他说："和其他一流大学的毕业生比起来，我的优势就是好奇心够重。"他告诫年轻人，在职场中保持学生的心态很重要，任何时候都要问为什么、怎么做。只要保持一颗好奇的心，一定能寻到事业上的突破。

新东方创始人俞敏洪亦说："人生要对各式各样的没有见过的东西、没看到的事情保持钻研精神。"因为人的一生就是一个不断追求新奇事物的旅程。

俞敏洪虽忙，却每年都会空出一个月的时间去畅游世界，四处旅行。他总是订好机票背起背包就走。一路上新鲜事物不断，每次他都会积极凑上前去，饶有兴趣地观察起来。回去后还要用文字的方式记录下心情，以及一些思考感悟。他说，这是他好奇心的体现。

有一段时间他对数学起了一股狂热的兴趣。其实从小到大，俞敏洪的数学成绩都可以用"糟糕"来形容。高考的时候，他的数学只考了 4 分。之所以能进入北大，是因为那年数学不计入总分。俞敏洪决定要花两年时间将数学提升到高中水平。“这种好奇心还是必要的，最起码可以避免老年痴呆症嘛！”他笑言。

在生活中都能保持浓厚好奇心的俞敏洪，在事业上更是敏感至极。2006 年新东方在美国上市，俞敏洪不断钻研有关企业运作、上市的规律和秘诀。花了很多时间后，他成了这方面的专家。当移动互联网的风吹来，整整两年里，俞敏洪一直在琢磨互联网与教育之间的关系。这是新东方在新兴互联网时代一直立于不败之地的原因。

一旦你满足于身边既定的一切，对任何事物都起不了兴趣，无异于“未老先衰”。众所周知，乔布斯对字体很感兴趣。他对文字孜孜不倦的探索不仅激发出了他的设计天分，更定下了苹果屏幕的基调。这源于大学期间的一次书法课程。

当年轻的乔布斯行走在大学校园里的时候，每一次他的目光都会被墙上的海报所吸引。他长久地注视着这些海报，内心分外陶醉。在好奇心的驱使下，他去旁听了一门书法课。老师滔滔不绝地讲着衬线字体和无衬线字体这些专业知识，细致地描绘着版面设计的种种技巧，乔布斯听得津津有味，分外认真。他的设计天分彻底被点燃了。

试想，如果当初乔布斯在那次看似枯燥无味的书法课上昏昏欲睡，不可能走出一条独有于自己的创业之路。好奇心的重要性不言而喻，它能让你领航全局，实现战略上的突破。

2. 市场如战场，要极其敏感

雷军总结的创业十条经验已成为年轻创业者们的“精神食粮”，其中有一条备受推崇，那就是：要对市场极其敏感。

对于公司管理者而言，最大的学问在于市场。管理者的所有决策都要视市场潜力而行，否则就是“屁股决定脑袋”，最后只能收获一个与初期的想象背道而驰的结果。

对市场迟钝的领导者，永远看不清局势，抓不住要点，也根本作不出有效的决策。而底下的执行者，更会像“无头苍蝇”一样乱撞，不用期待他们能够做出漂亮的成绩。

对市场敏感的人，一句话就能抓住要点，用准确的决策扭转整个局势。

戴尔公司总裁迈克尔·戴尔曾听人说笔记本电脑用户最大的期望就是能够拥有蓄电功能强、寿命长的电池。说者无心，听者有意，戴尔将这句话记在了心里。

1993 年 1 月，戴尔亲自接待了索尼公司派来的谈判代表，双方就一些新兴多媒体技术展开了交流与论战。多场枯燥的会议后，戴尔捏着太阳穴，拖着疲倦的身子向着酒店的方向走去。突然，一位日本青年挡住了他的去路，诚恳说道：“戴尔先生，能耽误您几分钟的时间吗？我来自能源系统部门，我想跟您谈一谈。”

戴尔有几分恼火，但年轻人真诚的眼神让他冷静了下来。他疲倦地点了点头。对方立马从背包里拿出了一沓文件，上面画满了表格。年轻人翻开文件，兴奋地向他介绍起来。原来他是想要向戴尔推销一种刚被研发出来的“锂电池”，供笔记本电脑使用。

戴尔立马打起了精神，和年轻人深入交谈了起来。按照他的判断，这种“锂电池”的市场潜力会很大。后来，戴尔公司的每一台笔记本电脑都装上了这种“锂电池”。因极大地满足了市场需求，戴尔笔记本销量大增。

马云说：“成功者至少需要兼备两种品质：一是执着大胆的性格，二是对市场准确敏锐的嗅觉。”市场是不见硝烟的战场，没有高屋建瓴式的远见，没有精准纤细的敏感，就没有存活的希望。

企业的发展方向和旗帜依赖于管理者的市场敏感度。缺少足够的洞察力，是错误决策频出的原因。而这将为企业的后续发展带来毁灭性的打击。

雷军被认为是一个典型的拓荒者。在 PC 为王的时代，大家无法想象创业门槛能被一个免费、开放的软件平台所打破。直到谷歌推出了免费的安卓移动操作系统，大量创业者踏入智能手机领域。雷军便是个中翘楚。但与同行们相比，他对于市场的敏感度高得出奇。

面对越来越懂行、越来越挑剔的消费者，雷军用高质配件搭配低价手机的商业逻辑牢牢稳住了属于小米的市场。他将市场当作战场，时刻保持着警惕。作任何一项决策之前，他都会问自己："用户会不会为我们的新产品激动？用过后会不会给朋友推荐？"

传统企业一向是"做一买一"。而雷军却敏锐地意识到，新兴互联网时代，消费者需求越来越广泛多样，围绕着这些需求便能开拓出巨大的市场。在他的授意下，小米团队推出了大量的衍生品。例如小米棒球帽、米兔公仔等，销量都很好。

没有卓越的市场敏感度和洞察力，在战术上花再多功夫也是白费力气。雷军说，与市场同步的关键在于：积极深入市场第一线。

只有真正在战场挥刀拼杀过的人，才能对战场的残酷有真实的体会。只有深入扎根于市场第一线，才能准确地抓住市场动向。领导者若只是坐在办公室里吹着空调乱指挥，而不肯亲自去体验市场，亲身去实践，企业的未来就会被葬送。

1996 年对于雷军来说是很值得纪念的一年。那一整年，雷军想得最多的事情是，为什么金山的产品卖不出去？想不通这个道理，他便亲自跑去门店站了九十多天的柜台，天天笑着迎接顾客，与他们面对面交流，这才找到一些感觉。雷军花了很多时间去研究，慢慢练就了掌握市场需求的能力。1997 年，在雷军的带领下，金山开始做词霸、毒霸、网游，都大获成功。

后来，雷军做小米。为了游说周光平入伙，他说："到了需要卖手机的时候，我可以出去做销售。"一句话打动了周光平，后者在接受采访的时候说："以前我在大公司，如果销量不好，都是董事长把下面的人臭骂一顿，没有哪个董事长说要冲上去卖。"

周光平曾是摩托罗拉的高管，他也极其热衷于站柜台。有一次，摩托罗拉的一款手机出现了很多返修案例，为了了解情况，周光平准备去维修店看看。身边的人急了，拦住他说，如果去了维修店一定会被那些顾客围攻。周光平却没过多担心，他带了几个工程师，直奔位于东直门的维修点，在那站了好几天的柜台。

决策者若对市场不敏感，那是一种灾难。

周光平说，跟着雷军这样一位对市场极其敏感的领导干事业，他觉得十分踏实。为了准确地把握住市场，雷军随时可以放下身段，深入市场第一线。他的胸怀与魄力决定了小米的未来。

3. 肯学肯干，也要有归零心态

金山时期的雷军在招聘人才的时候，一直很注重两点：一是肯学；二是肯干。然而到了创办小米的阶段，他却时常对新人说，战术上的勤奋掩盖不了战略上的懒惰。肯学肯干能保证你在战术上始终进步，归零心态却能助你飞跃，实现战略上的质的突破。

在职业发展的路途中，只要愿意付出，态度端正，路就会越走越顺。但若总是忽略在心态上调整自己，便始终是个小兵，成不了大气候。

归零心态能让你跳脱固定思维，不断寻找新的起点。

1998 年 8 月 12 日，雷军出任金山总经理。那天晚上，武汉大学的一个教授给雷军打了一个电话。电话里，教授的口气很是“痛惜”：“雷军，你怎么放弃技术，去当总经理?”雷军连忙解释了一番，花了好长时间才让教授消了气。

他刚刚挂掉电话，还没来得及坐下，电话铃声又响起来。这次是父亲打来的，他千叮咛万嘱咐，督促雷军不要耽误技术，否则将来没有饭碗。听着父亲的唠叨，电话这头的雷军苦笑了下。

作为程序员，雷军踏实负责的工作态度使得他一直处于优秀、领先的位置。但自从他被提拔至管理层后，就明显感到之前积累的经验不够用了。当金山陷入“前有微软、后有盗版”的危险境地时，雷军决定放弃以往的工作模式，从零开始去学习。之后他不断向求伯君请教，如何做一个领导者，如何做一个商人，积极学习管理和营销策略。

如今的雷军是人们眼里最杰出的领导者，最优秀的营销大师。然而，如果没有当初的那一次“清零行动”，无论他多有才华，也只是个实力过人的程序员而已。毕竟，肯学肯干只能被归纳为战术上的勤奋，而归零心态却能让你实现战略上的突围与飞升。

著名作家刘震云说："归零心态就是把自己心灵里的一切清空，把已经拥有的一切剥除，一切归于零的心态。"不妨把人生当成时钟，到了某个时候就要从零开始，这样才能保证新的周期和新的旅程。

人的一生总会经历数不清的成功与失败，顺境与逆境。无论是春风得意的时候还是失意沮丧的时候，都要保持归零心态，勇于清空自己，让一切重新出发。

过去的辉煌留不住，逝去了的不必追，每一天都是新的一天，新的起点。为了适应新环境，战胜新挑战，你要学会抛弃过往的思维模式和处事经验，轻装上阵并从头开始。

拥有大局观的人既能专心于脚下的每一步，又能时刻跳脱开来，适时清空自己，让一切重新开始。如果你是一个"永不满足"的人，肯学肯干不足以撑起你的野心。拥有归零的智慧，才能拥有更璀璨的未来，更广阔的天空。

在人生的旅途中，归零心态甚至能彻底改变你航行的方向。雷军出走金山后的经历，便是一个有力的佐证。

金山上市后，有人问雷军："你最大的感受是什么?"雷军回答说："无债一身轻。"金山在香港联交所挂牌之前，雷军始终保持着"劳模"的状态。他为金山整整服务了16年，几乎每天都忙到深夜，休息的时间少得可怜。

终于实现了"上市梦"后，雷军感到轻松，却又疲倦。他曾对朋友袒露心扉，说自己像刚刚跑完马拉松一样，身心俱疲。他也曾尝试着拿出以往的拼劲，继续投入到工作中，后来才发现“这样的身体状态是不能做好本职工作的”。

思虑良久后，雷军决定先将事业放在一边，好好清空自己。于是在2007年，雷军辞去金山总裁兼CEO职务。得知雷军辞职的消息，张旋龙十分生气。他第一次对雷军大发脾气。求伯君也是苦苦挽留。然而雷军却对他们说，自己不是偷懒逃避，实在是需要一次彻底的“清零”，来让他好好思索下面的路，重新审视世界。

雷军离开金山，是在把过往的历史归零，以轻松的心态再一次踏上新的征途。不到两三年的时间，他便成为中国最成功的天使投资人之一。此时已功成名就的雷军在众人看来，完全可以卸下重任，去过悠闲自在的退休生活。然而，雷军却再一次清空过往的辉煌战绩，以新人的姿态冲入智能手机市场，创办了小米。

一次又一次的华丽转身让雷军的人生达到了极高的境界。他的履历与成就令寻常人高山仰止，望尘莫及。战术上，他勤奋刻苦，执行能力一向都很强；战略上，他高瞻远瞩，时刻不忘清空自己，随时吸收新的经验与知识。双管齐下，是他成功的原因。

你要肯学肯干，更要时不时地清空头脑。这能帮助你保持清晰敏锐的触觉，准确地掌握形势。如果想要获取更多的可能性，获得更大的成就，必须定期给自己的内心清零。

4. 好产品并不意味着好口碑

雷军说，最好的营销是做好产品，最有效的宣传手段是做好服务。但他同时坦言，好的产品与服务并不一定就能带来优质口碑。酒香也怕巷子深，这是他转型学做营销的最大原因。

即使你是深具才华的“千里马”，也要学会自我包装自我推销，这样才能吸引更多的知音与伯乐。而对于一个企业来说，战术再精湛，不重视营销，也是战略上的失败。

从1998年开始，雷军心里被种下了一颗“营销”的种子。那时候，他每个月都会买一本《小说月报》，细细读完。这本杂志让他感受到了文学的趣味，也让他学到了很多人情世故，对他的事业有莫大的帮助。此后，他越发注重人际关系网的经营及市场营销手段的铺排。

那年在中关村，雷军和周鸿祎经常聚在一起讨论IT新动态。两人谈得热火朝天，末了总会畅想未来。有一次，周鸿祎提到了卖水、卖盒饭的市场潜力。雷军当即接道，如果卖水的话，他会给自己的水起名为“忘情水”，然后再邀请刘德华做代言人。

这个想法听起来有点异想天开，周鸿祎对此却很钦佩。在他眼里，雷军的脑筋一向很活络。

藏在巷子深处的佳肴美酒，即使香味扑鼻，味鲜无比，也会有食客望而却步，不愿辛苦寻觅。新媒体时代，只顾埋头耕耘而不愿意做营销推广的企业，即使拥有品质高超的产品，通常也只会默默无闻，被周围喧嚣的信息所埋没。

1915 年，在美国费城举办的世博会上，中国展销商带来了历史悠久的茅台酒。一开始，茅台酒被摆在角落里，根本无法引起参观者的注意。中国展销商代表灵机一动，故意打碎酒瓶，透明的液体顿时泼洒一地，醉人的芳香漫溢开来。人们被香味所吸引，将茅台酒站台围得水泄不通。在大家钦佩的目光中，中国茅台酒荣获金奖。

靠着特殊的营销手段，茅台酒在世博会上一举成名，如今已被奉为“国酒”。这之后，商家十分注重品牌营销，这也使得中国茅台在世界范围内都收获了巨大的人气。

无论是在信息闭塞的以前，还是在信息爆炸的当今社会，品牌营销对于一个企业的发展至关重要。只因为，好产品并不一定能带来好口碑。

首先，不去做推广营销，你的产品不会大范围地被人们所了解、接受，由此形成一个金招牌、硬口碑。其次，毫无章法的品牌营销手段甚至会让企业沉陷于危机之中。当各种细微瑕疵被恶意放大，货真价实的美酒也会被人诬陷为掺水造假。

刘强东曾说：“咱不跟雷军比营销，他能把小米手机半年卖出去好几百万台，这个咱比不过。”如今的雷军，俨然已成为互联网营销的大师级人物。雷军的营销手段往往一击而中又别出心裁，能够在极短的时间内收获令人意想不到的效果。

金山词霸Ⅲ正式亮相之前，雷军特意申请了30万元资金用于这款产品的宣传。这笔投资在当年可算是个大手笔，为了将钱花在刀刃上，雷军苦心思索着最佳营销手段。

这时候，金山词霸经理王峰对雷军说，广告圈的朋友曾向他提议，金山词霸Ⅲ可以找明星代言来增强市场效应。王峰的话启发了雷军，他突然想起一个多月前，微软在海淀剧院门口举办的那场“午夜疯狂”发布会。他当即拍板决定，既然微软办了一场“午夜疯狂”，咱们就来一场“秋夜豪情”！

不久后，消息传出，当红歌星白雪和“零点乐队”成为金山词霸Ⅲ的代言人。1998年10月10日晚8点，北京友谊宾馆的喷泉广场上人头攒动，热闹非凡。金山词霸Ⅲ的首发仪式“秋夜豪情”正式开场后，闪烁的灯光中，白雪和零点乐队依次登场。高亢的歌声点燃了现场观众的热情，明星效应亦刺激了市场潜力。现场1000多套金山词霸Ⅲ很快被抢售一空。

在大家的起哄下，求伯君也被人推上舞台，即兴演唱了一曲《我的中国心》。站在一旁的雷军不禁喜上眉梢。

明星代言在当年可算是件稀罕事，这说明雷军的思维一向超前。创立小米后，他将营销大师的本色发挥得淋漓尽致。不同于其他企业的“蜻蜓点水”，小米对新媒体阵地十分重视，甚至将其放在了战略层面。团队成员齐力协作，精心准备每一次的产品发布会。除此外，小米坚持上头条，利用事件与话题制造爆点。

雷军善于给产品蒙上一层“神秘面纱”，这种情况下，民众很容易在“稀缺效应”的影响下主动走近小米。他还反复强调：“体验制胜”是永恒不变的真理，以用户为中心才能生存、发展、壮大。虽然他看重营销，却也一直坚持走独特的“口碑营销”之道。他明白，如果没有真材实料，只幻想依靠营销来获得成功，迟早有搞砸的一天。

当今社会奉行优胜劣汰，哪怕你才能过人，也得学会表达、宣传与营销。但也需注意，一味利用“眼球效应”来吸引人气，只做“口头将军”，无疑是搬起石头砸自己的脚。

5. 随时作输一回的准备，居安思危

雷军在接受采访的时候称，小米创办之初，所有人都作好了输一回的准备。他说：“刚开始的时候，我们都认为自己肯定会走弯路，至少死一回。”

后来，虽然小米的路越走越顺，雷军却随时作好失败的准备。如他一直以来强调的，任何时候都要居安思危，越得意越不能掉以轻心。

企业在战略上迷失方向，往往是因为最高管理层缺乏危机意识。殊不知，一个极小的弱点、一个没来得及处理的细

节会让企业滑入深深的泥潭。

20多年前，雷军最痛苦的事情是他经常发不出工资给员工。那段金山岁月后，他养成了一个习惯，无论如何都要保证公司账户里存有足够多的现金。后来在一次分享会上，雷军说，大多数的公司都死于没钱，当企业处于稳定期，或者高速发展期，一定要学会居安思危。

他将一个硬性规定持续了很多年。那就是公司一定要存有一笔固定成本，至少得保证18个月的开销。雷军还举例说，2000年互联网泡沫之前，大小企业纷纷租用五星级的办公室，毫无节制地花钱，结果泡沫一来，很多人都没能挺过去。

古人云“生于忧患，死于安乐”。大到国家，小到企业，居安思危的忧患意识是非常必要的。企业初创阶段，随时作好输一回的准备，再拼搏奋战全力以赴；企业繁荣阶段，哪怕形势一片大好，也不要沉溺于一时的热闹与安逸。

没有忧患意识的管理者不具备大局观。对危机麻木不仁的企业会在温水煮青蛙的危机中逐渐死去。人们至今仍记得，在胶片盛行的年代，柯达洗印店风靡世界的火爆景象。那时候的柯达前途一片光明。然而到了2011年，柯达公司却频频传出破产的消息。

柯达公司之所以步步走向衰落，最重要的原因是公司管理层缺少忧患意识。当数码风潮袭来，柯达却坚持认为胶片时代永远不会过时。他们拒绝改变，一面墨守成规，一面盲目乐观。结果，愈演愈烈的数码风暴将这个昔日的商业帝国吹得七零八落。从战略层面上来说，柯达公司输在对未来过分自信，输在没有居安思危。

比尔·盖茨说："我们离破产永远只有18个月。"马云说："企业越成功，越有危机意识，越能做大。"成功的企业家往往具有强烈的危机意识，这体现了他们战略上的独到眼光。

暴风雨在来临之前，往往是沉默的。危机爆发前似乎也总是毫无征兆。实际上，危险的种子早已被悄悄埋下，却无人及时发现。企业程式化的管理流程会僵化大家的思维，死板的例行会议、内容空洞的邮件根本无法补上漏洞，掐灭危机的火种。企业高管只有在一开始就怀抱浓烈的忧患意识，才能提前预示到风险，并作好万全的规划和准备。

一个零件上的瑕疵足以毁掉一只名贵的手表，一个微不足道的弱点可能带来一场致命的危机。企业若是出现雪崩式坍塌，导火索往往只是一个细节。这就告诉我们，平日里要时刻保持警惕。

1999年，陈天桥揣着好不容易筹集来的50万元，组建盛大公司，风风火火地开启了他的事业之路。他带领团队辛苦创办stame.com网站，短短几个月内，这个网站吸引了100万左右的用户，这让初次创业的陈天桥有点飘飘然。令他更加兴奋的是，不久后盛大公司获得了来自上市网站中华网的300万美元投资。

陈天桥沉浸在喜悦中，对未来充满了幻想。谁料一场猝不及防的互联网寒冬彻底将他打蒙，中华网随即撤资，得力的员工纷纷出走，陈天桥的脸上再不见笑容。就在他焦头烂额的时候，风靡世界的韩国网络游戏《传奇》为盛大带来一线生机。陈天桥果断赶赴韩国，用高昂的价格拿下了《传奇》的海外代理权。

盛大重新运营起来，甚至上演了一场利润“传奇”。因着之前的经历，陈天桥根本不敢掉以轻心。果然，危机再一次袭来。因着业务上的纠纷，盛大与合作伙伴育碧关系破裂，这让盛大的销售渠道受到限制。之后，盛大因《传奇》赚取的高额利润又引来了韩国游戏厂商的眼红，双方甚至为此闹上法庭。

面临危机，陈天桥沉着应对，再不像第一次时那般手忙脚乱。在他的多方周旋下，盛大迅速走出了泥沼。

这一系列的危机之所以没有击垮盛大，是因为陈天桥始终如履薄冰，战战兢兢。正如任正非所说：“唯有惶者才能生存，只有具备忧患意识的企业才能在市场中长久发展下去。”

对于一个决策者来说，战略与战术“两手抓，两手都要硬”，而贯穿企业发展始终的“思危则安”思维，则为战略与战术上的最终胜利提供了强有力的后盾。

随时作好输一回的准备，才能“长治久安”，才能基业永存。

6. 重要的决策几个就够了，越多越减分

“我发现过去二十年我可能每年都作几十个决定，但最重要的决策几个就够了，很多时候越多越减分。”在 2013 年的 GMIC 大会上，雷军如是说。

管理者对于决策的高度把握恰恰体现了其在战略上的高屋建瓴。当决策的质量远远高于数量，一切才有意义。聚焦资源，集中精力，调动智慧，作最重要的决策，且越少越好。

2010 年 7 月，求伯君在金山的某次高管会议上宣布：“以后公司网游业务、毒霸业务可以直接向雷总汇报。”会议间顿时响起一片窃窃私语。就在那天上午，雷军的身影突然出现在金山办公大楼，那时便有很多人意识到：雷军将重返金山。

求伯君松了口气，再次接过金山重担的雷军却变得愈发“压力山大”。

令人感叹的是，雷军只作了两个决策便成功扭转了趋势。第一步：重新确立金山的核心价值观；第二步：业务改革。这些决策初见成效后，雷军越发谨慎起来。为了让金山重回主流市场，他力保自己的决策精准、恰当。

明智的管理者不会让自己轻易掉入“决策疲劳”的陷阱。他们会把每天需要作出的决定降到最低。这也是避免决

策失误的有效途径之一。

美国的一位州长曾说："决策的部分秘密就是要懂得哪些决策不应该作。"放过那些无关大局的微小决策，以放松的心态去迎接企业成长的关键节点，这时候，一两条简短有力的措施足以奠定整个企业的发展方向。

得意之时的一连串决策，往往不经思考，根本经受不住市场的检验。失意之时的一连串决策，非但无法挽救颓势，反而会加速企业的灭亡。越是重要的时刻，越要保持冷静，轻易不要作决策。

对于企业家而言，过度决策是战术上的勤劳，通常是"雷声大雨点小"。随着生意越做越大，企业家们每年作出的决策势必越来越少，好比"于无声处听惊雷"。

领导者的每一个决策都能影响到企业的生死，作对决策，相当于直接把握住了未来。只有慎重慎重再慎重，将决策的权力高度神圣化，才能最大限度地提升总胜率。

2017 年，阿里巴巴的一位前高管在一篇文章中说，马云一年最多只作 4 个决定。雷军、马云这个级别的领导者在界定问题的时候总是习惯于选择更高的框架或层次。

领导者的一个简单决策背后，往往连接着一个漫长深邃而又艰辛的思考过程。而这个决策所能产生的影响力也是你我无法想象的。作为一个明智的管理者，如果一个决策无法一次性解决一系列的类似问题，就先把它放到一边。

有人说，马云用三次战略决策决定了阿里巴巴的命运。

1995年马云辞职下海创办中国黄页。当时公司里只有3名员工，平日马云领着男同事何一兵天天外出跑业务，而唯一的女员工张瑛则担当起了内勤的角色，没事的时候给客户发发E-mail。中国黄页的路走得并不顺畅，那时候的马云经常被人当作骗子。让人们大吃一惊的是，马云这个看似有点傻的举动彻底改变了他的一生。

1999年，马云创办阿里巴巴，正式迈入B2B之路。那一天，在杭州湖畔花园小区的一间简陋民房里，一个小个子男人站在桌子上发表了一场热情激昂的演讲。中国互联网史上最大的奇迹由此而诞生。

2003年6月，一名阿里员工在公司网站上发帖子称："各位阿里人，请注意！我们发现，有一个叫淘宝的网站正在迅速地聚拢人气，它的制作思路和阿里巴巴极为相似，请大家密切关注！"正当阿里的员工议论纷纷的时候，马云却躲在幕后偷笑。不久前，他的一个决策使得淘宝网横空出世，这预示着阿里巴巴成功杀入C2C领域。

如今的马云尽量少作甚至不作决策。而在创业早期，他却因过度决策狠狠栽过跟头，差点一蹶不振。两相对比之下，我们更能体会到正确决策的重要性。

2000年，阿里巴巴巧获一笔巨额投资，公司上下一改以往的寒酸模样，瞬间"富得流油"。马云决定趁机大展拳脚，他不顾身边伙伴的劝阻，租下了整栋华兴大厦，将公司搬了进去。这之后，马云有点"刹不住手"。

那两年，阿里巴巴公司先后在中国香港、英国成立了办事处，一家家合资公司在中国台湾、日本、韩国等地雨后春笋般崛起林立。马云甚至在美国硅谷成立了一个阿里巴巴研发中心，疯狂招揽来自世界各地的精英人才。马云自己也几乎变成“空中飞人”，将所有的商业论坛参与个遍。

这段风光的日子仅仅延续了 6 个月。当钱花得越来越多，公司开始不堪重负起来。加上互联网寒冬的打击，马云无奈决定撤站、裁员……

马云痛定思痛，亲手掀翻了之前的所有决策，“断臂求生”、韬光养晦，阿里巴巴这才慢慢度过危机。

领导者的一个错误决定也许会导致整个企业“翻车”，这是他们的压力所在。周遭声音嘈杂，选择太多，反而容易带来决策上的失误。只因每作一次决策，你成功与失败的概率各占 50%。决策越多，越容易中招。

能够决定你命运的往往只有那几个重要的决策。记住，这样的决策几个就够了，越多越减分。

7. “木桶原理”决定成败，补齐短板提高效率

当小米二代手机再次受到市场追捧的时候，雷军说：“我们今天还谈不上成功，小米要想成功的话，还要花上好几年时间做产品才行。”

在那时候的雷军看来，虽然小米成长速度惊人，但产品

质量始终是公司的短板。若不及时补齐短板，小米迟早会陷入一个艰难的境地。

聪明的领导者一定十分清楚“木桶原理”的杀伤力。对于他们来说，及时补齐短板，才能脱离战术上的平庸，达到战略上的飞跃。

2013 年 12 月，“中国经济年度人物”颁奖典礼如期召开。在央视的舞台上，年度人物奖项获得者雷军春风得意，他当场与格力的董明珠打了一个赌。雷军豪言道，5 年内小米的营业收入必然会击败格力，如果此事成真，董明珠得赔自己 1 块钱。

董明珠一向傲气，见雷军如此“大言不惭”，她立马反唇相讥：“1 块钱不要再提，要赌就赌 10 个亿！”现场的气氛凝重起来，见董明珠表情严肃，雷军皱起了眉头。两人的 10 亿赌约就此立下。

某场演讲上，董明珠坦言，当年她之所以与雷军定下那场豪赌，是因为她断定小米质量不行。小米营销厉害，发展势头很不错，这些都是事实，但光质量这个短板便足以断送掉小米的前途。有趣的是，雷军也曾说，当他同意那场赌约的时候，早已在心里暗暗发誓，一定要不计一切代价提升产品质量，这是他胜出的基础。

5 年后，小米上市的消息频频传来。一份小米 Pre - IPO 融资项目方案得到了大量媒体的关注。根据这份方案可知，小米底层资产估值 540 亿美元，一旦小米上市，它的市值将飙升至1000亿美元。这还是保守估计。而格力的市值远远比不上小米。

从这方面来说，格力似乎输了。普通人很难想象，雷军究竟花费了多少时间和精力去打磨产品品质。他曾当着众人的面将小米手机狠狠摔在地上，以这种方式来向自己、向外界证明，他不会让质量来拖垮小米。

雷军赢得了那场豪赌，足以证明产品质量已不再是小米的短板。

有人说，我的职业技能不差，学历也挺好，为什么就是得不到重用呢？这个人也许忽略了“木桶原理”，只顾盯着自己的长处，看不到自己的短处。

何为“木桶原理”？美国管理学家彼得说：“一只木桶能盛多少水，由那块最短的木板决定。”做企业也是一样。企业能走多远，取决于它最慢的那个环节。

一个组织、一个团体通常有好有坏，优劣不齐。根据“木桶原理”可知，劣势部分会对整体水平起决定性作用。比如说，机器的功能再齐全，制作再精良，一个损坏的螺丝钉便能够彻底阻止它的运转。

GE公司总裁麦克尼尔有着美国“最佳管理者”的美誉，他曾向外界透露说GE公司每年都会花费巨额投资用于员工的培训上。这是因为那几年GE公司的人才频频流失。当人才成为公司短板的时候，管理层耗费众多精力与投资就是为了堵住这个漏洞。

企业在刚刚进入市场的时候，优势往往会占据主导地位。资源面广的企业会利用资源来大做文章，技术扎实的企业会利用技术脱颖而出。优势让它们胜出在起步阶段。但在接下来的竞争里，企业的短板与弱点却会限制最终的发展。

想要提高企业运转的效率，就得去想法补齐短板。不及时修补缺点，你再怎么花心思磨炼长处、提升优势也无济于事。

“木桶原理”中的木桶也可用来指代人生，“短板”其实说的是人性中的弱点。你的优点能让你成功，你的缺点却注定了最后的失败。

一个人能力再突出、再有才华，如果不注重改正缺点，最终会影响到前途。一个企业只有将所有“木板”的长度提升至最高的水平，才能成为一只厚实耐用的木桶。

别让短板拖累脚步。补齐短板才能提高效率，才能以最快的速度追上别人。

20 世纪 70 年代初，美国施乐公司发明的复印机销量惊人，由其引发的“办公室革命”愈演愈烈。相比其他同行来说，施乐公司的技术优势极其明显，这让它一度垄断了世界复印机市场。然而，不久后公司高层突然发现另一家叫佳能的公司发展势头很强劲，正慢慢夺走施乐公司的风采。佳能公司崛起后，施乐公司的复印机全球市场份额骤降。

一番调查后，施乐公司发现，佳能公司推出的一款小型复印机是它获胜的关键。为了应对危机，施乐公司立马召开了紧急会议。会议上，有员工提出，施乐的大型复印机价格昂贵，操作又很复杂，而且保密性还很糟糕，远远比不上佳能公司推出的那款小型复印机。

施乐高层顿时明白，原来公司是输在了这个短板上。为了补齐短板，重新夺回霸主地位，施乐公司立即展开了行动……

大到企业，小到个人，任何一块木板的短缺都会产生十分重要的影响。找到企业的短板及时补齐，能提升企业运转效率，使其稳步向前发展。找到自己的弱点及时修正，能缩短与他人的差距，跑赢人生这场战争。

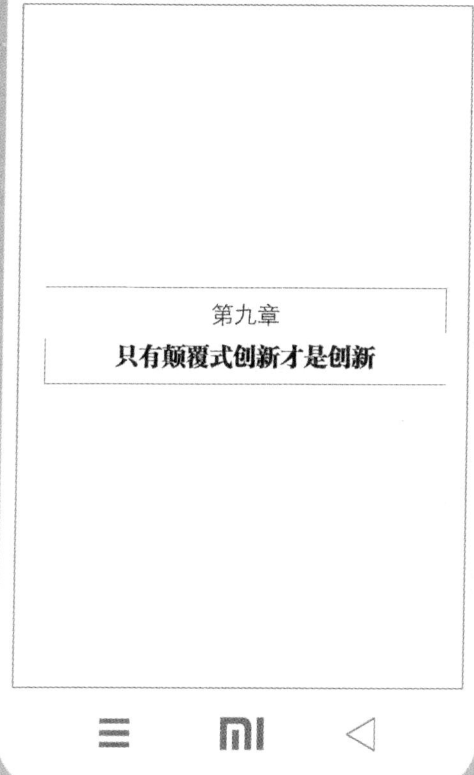

第九章

只有颠覆式创新才是创新

1. 创造力，是企业的灵魂

雷军身上存在着一个鲜明的标签，那就是“脑洞大开、颠覆世界”。在他的努力下，小米逐渐成长为一家极具创造力的企业。

创造力，是一个企业的灵魂。一流企业与三流企业最大的区别在于：前者勇于变通，以创新为尊；后者却不思进取，习惯于坐享其成。

2014年年初，小米的一群工程师聚在一起，兴奋地讨论着一些时兴话题。突然有个人大声嚷嚷道：“这一行真是越做越无聊！”他的话引来一片认同，就连雷军也暗暗点头。

看大家一脸“哀怨”的样子，雷军也吐槽起来。他说iPhone几乎左右了手机的设计方向，搞不好这十年都不会有任何改变。又有人插话道：“不晓得未来的手机会是什么样子?”

大家被这个问题吸引，陷入了沉思。雷军开玩笑说，也许未来的手机会像科幻电影里一样是透明的。大伙顿时来了兴趣，你一嘴我一舌地讨论起来。

雷军当即拍板决定，小米要做一款概念手机，没有时间表，没有预算，明知困难他也要尝试。两年后，小米 MIX 的发布震惊了全球科技界。

创造力是小米进步的灵魂，亦为它带来源源不竭的动力。

某种层面上来说，创造力比执行力更重要。只因企业发展的核心和基础是创新。在知识、技术日新月异的今天，企业应充分认识到自身发展的局限，果断切除僵化、老套的管理体制，尽量跟上时代的步伐，积极变通，这样才能在激烈的市场竞争中存活下来。

反之，若是拒绝改革创新，坚持在一条路上走到黑，企业的前途便会被扼杀。记住，唯有改变，才有出路。一个小故事正说明了这个道理。

烈日当空，一群鳄鱼趴伏在干涸的池塘里，饥渴让它们奄奄一息。一只小鳄鱼无力地望着远方，对身边的伙伴说："再待下去一定会被晒死，不如出去寻找另一片池塘。"伙伴担忧地摇了摇头，眼里尽是恐惧。小鳄鱼咬牙道："不行，我一定要出去！"

它果断离开了大家和这片生活了很久的池塘。虽然脚步蹒跚，小鳄鱼却一路坚持，向着心目中的绿洲勇敢进发。烈日越来越严酷，池塘里最强壮的鳄鱼突然开始吞噬身边的同类。其他小鳄鱼无力抵抗，只能无奈地放弃生存的希望。

那只强壮的鳄鱼在将池塘里的伙伴吞食一空后，没过多久就被太阳晒死了。与此同时，那只积极寻找出路的小鳄鱼在历经千辛万苦后终于寻到了一弯水塘，顽强地活了下来。

当一个企业从不抗拒新思想，乐于接受新风潮时，它便是一个创造力满满的企业。企业的创造力分为很多种，体制创新、管理创新或者营销创新。在雷军看来，一个企业的竞争力主要表现在核心技术的创新上。

2017 年，在一个产业发展论坛上，雷军严肃道："一个公司要做成，核心技术的创新是最重要的。"所以当初他才会不计一切研发小米 MIX，而后者的成功让整个企业充满了活力，同时也引领了未来手机设计的方向。

他的老对手任正非也一直将产品创新视为企业的灵魂。无论是雷军还是任正非，都在技术研发上投入了足够多的时间、精力和资金。

年轻的时候，洛克菲勒被一家石油公司聘为职员。他每天的工作内容是巡视车间，保证每一台储油罐盖都被自动焊接严实。他一台一台地检查，细心至极。工作久了，洛克菲勒发现，石油罐子每旋转一次，焊接剂会落满 39 滴，这样一次焊接工作便完成了。他琢磨起这件事来，想着能否让焊接剂少落下几滴，这样还能减少点成本。

洛克菲勒是个毅力极强的人，在失败了很多次后，他终于研制出一款能有效节省焊接剂的机器。然而，经过一系列的实验，洛克菲勒沮丧地发现，他研制出的机器总是会漏油。身边开始响起讥笑的声音，还有人"好心"劝他道，有那工夫不如多去做做兼职，还能赚点钱。

洛克菲勒没有理会他们。经过不断的改良，他终于将"38 滴型焊接机"研制成功。后来他还为这台机器申请了专利。相比之前的机器，"38 滴型焊接机"虽然只节省了一滴焊接剂，但在技术上而言却是巨大的进步。每一年，它都能为企业多增加上亿美元的利润。这也使得洛克菲勒最终成为美国的石油巨头。

创新让历史的车轮滚滚向前，有人说，它是一个普通人才能的最高表现形式。而不拘一格的创造力，则是一个企业的灵魂。

盘点人类历史上那些取得非凡成就的成功者，往往胆识过人、敢于创新。而那些一直不乏创造力的企业，总能以饱满昂扬的生命力应对时代的冲击。

积极求变的企业，才能始终立于不败之地。不断创新的过程，是不断自我修正，不断完善，不断强大的过程。因循守旧、不思进取的企业得不到机遇的垂青。

2. 站在巨人的肩膀上学会变通

雷军多次在公开场合表示，这个世界上只有两家互联网手机公司，一是苹果，二是魅族。他对这两家公司啧啧称奇，不断强调说小米的应运而生是站在了巨人的肩膀上。

创新也要有方法。想要颠覆前人的路，就要站在巨人的肩膀上学会变通。从零开始是一件很不容易的事情，只有积极吸取前人的经验，才能更快到达成功的彼岸。

雷军为了找到手机阵地的切入点，一度苦恼异常。后来，盛大推出的社交软件 Kik 让雷军眼前一亮。他反复研究

Kik，发现它其实是借鉴了火爆国外的 Kik Messenger 的概念。这给了雷军很多灵感，他决定吸收 Kik 和 Kik Messenger 的成功经验，做一款即时通信软件。

不久后，“小米先锋军”米聊成功问世。上线仅半年，米聊便成为市场的宠儿。尽管发展势头良好，那段时间雷军却顾不上休息，他不断找团队成员交流，希望米聊能够转型。雷军整日分析米聊用户的统计数据，脑子里翻来覆去思索着米聊的前路。

他慢慢发现，米聊最活跃的使用时间是中午的 10—12 点，以及晚上的 10—12 点。雷军脑中一炸，惊喜异常：“原来用户的使用需求并不是以通讯需求为主，更多的是娱乐需求！”雷军立马想起了 Facebook，他的脑海中蹦出了一个奇妙的设想：小米正缺这样一款软件，若两者结合，该多完美！

于是，米聊渐渐地发展成一个业务模式类似于 Facebook 的产品，却又符合国内市场趋势，与 Facebook 有着很大的不同。

雷军知道，一味模仿复制不可能有太大的突破，只有站在巨人的肩膀上学会变通，才能始终保持进步。如今，米聊的风头虽然被微信盖过，但后者的成功，亦证明了这一铁律。

对一个白手起家的人来说，前人总结的经验与知识好比他行路的拐杖，站在他们的肩膀上他才会越走越顺利。《庄子》中说“指穷于为薪，火传也，不知其尽也”。庄子的意思是说，烛薪的燃烧是有限的，若将火种传续下去，却是无穷无尽。站在巨人的肩膀上，对其经验进行改良、变通、传承，足以造就伟大。

论及小米的发展，我们能看到很多前人的痕迹。站在巨人的肩膀上“借力打力”，才有了今天的小米。雷军从不忌讳与大众分享小米成功的经验，相反，他对此津津乐道。他用一系列的文章“揭露”，小米曾尝试走过苹果、三星等成功企业的道路。

除此外，小米的创始地点是北京中关村。这个神奇的地方曾聚集了无数人才和公司。周围高手辈出，它们都是小米学习的榜样。站得更高，才能看得更远。在此基础上随机应变，灵活创新，才使得小米这个“后来者”的发展与进步始终快人一步。

绝大部分的创新都不是无中生有。人们总是以前人的智慧结晶为蓝本，不断摸索变通，渐渐便走出了自己的路。比如说，诺贝尔奖获得者屠呦呦就是从历代医籍中获取灵感，从植物中萃取青蒿素，这才成为抗疟新药青蒿素的第一发明人。

历史上，最早提出杂交水稻概念的是美国人 Henry Beachell，却很少有人记得他。世界范围内公认的“杂交水稻之父”是袁隆平。他以前人的经验为基础，不断摸索总结制种技术，这才一举攻克了“制种关”。

任正非对员工说：“不要追求什么‘原创发明’、‘自主创新’，站在前人的肩膀上，作出成绩才是伟大的……希望新员工有开放的心态，站在前人的肩膀上前进，哪怕只前进一毫米，也是功勋。如果总说从头做起，那是耗费公司投资，应该降级”。

马化腾亦说：“我觉得模仿并不丢人。”腾讯鼓励创新，但马化腾从不提倡无端创新。他首先会锁定最佳模仿对象，学习他们的经验教训，在此基础上灵活变通，力图超越他们。

重庆妹子俞渝曾为了在西单图书大厦找一本书，转遍楼上楼下，几圈逛下来人都晕了。后来她在逛淘宝网的时候突然想起那天在图书大厦找书的经历，一个大胆的想法从她眼前闪过。她兴奋地同丈夫李国庆商量起来，说若在国内办一家网上书店，一定很有意思。李国庆正开着一家图书公司，听到这个想法，顿时便来了兴趣。

那时候，国内还没有线上书店的概念。淘宝网是购物网站，他们可以从它的成功中学习到一定的经验。随后，两夫妻将目光转向了亚马逊。还记得 1995 年 7 月的一天，俞渝当时在纽约留学，与一个朋友吃饭的时候，朋友漫不经心地说：“现在出了一个新玩意儿，叫亚马逊网上书店。创办人就是住在 81 街的杰弗逊 · 贝佐斯。”

那时候俞渝住在 77 街，在亚马逊上买过几次书。俞渝一边回想着这些经历，一边搜集来很多关于亚马逊的资料，潜心研究。准备一段时间后，在一间没有窗户的房间里，当当网正式上线运营。

俞渝说：“中国古话说得好，三人行必有我师。择其善者而从之。‘当当’不耻于当学生，因为有的学比没的学要好。”她对亚马逊的财务报表比一些华尔街的分析师还要熟悉。

站在巨人的肩膀上，尝试着去走前人已经走过的道路，既能预测前路，也能随时掌控风险，走出属于自己的风采。

3. 与别人不一样，才能摆脱竞争

“创新就是做别人没做过的事情!”这是雷军的豪言壮语。创业的道路上，如果一味紧跟别人的步伐，不断重复别人的动作，那是自寻末路。只有与别人不一样，才能脱颖而出。

某段时间里，日本电饭煲深受国人欢迎。雷军观察到小米的不少同事在去日本休假的时候会特意背个电饭煲回来，他觉得奇怪，还吐槽说：“电饭煲和马桶圈，是人人都用，在中国遍地都是的东西。为什么越来越多的中国人要费钱费力，从日本扛个又贵又重的这玩意回来？是崇洋媚外吗？”

早年间也有朋友送了两个日本电饭煲给他，雷军一看这玩意一个要三四千块钱，不禁惊讶道：“真贵!”朋友却说：“这不一样，你试试就知道了。”尝试后发现，使用感还真好。每当他嚼着粗糙的盒饭，就开始想念家里电饭煲煮出的喷香米饭。

那段时间，小米最早的创始员工刘新宇向雷军郑重提

出，他想做一款高端电饭煲。雷军一听就笑了，这还不简单？结果他在查阅资料后发现，还真的挺难。原来日本电饭煲畅销的原因在于——始终与别人不一样。

靠着独特的电磁加热、微压及灰铸铁技术，日本电饭煲煮出来的米饭晶莹剔透，口感绝妙。这种技术上的创新是它“独步天下”的原因。

国内灰铸铁无法生产，小米就花两年时间去攻克 IH 电磁加热等关键技术。国内的市场上还没有人有过此种创举。这使得小米电饭煲在同类产品中的竞争力越来越突出。

国画大师齐白石先生说：“学我者生，似我者死。”无论做任何事，最初都要有一个“取其精华去其糟粕”的过程，慢慢地，跟风的部分被剔除了，越来越多的自己的思想和创意被加入。当你有了自我鲜明的特色，卓尔不群标新立异，你便能从竞争中脱颖而出。

盘点 2011 年的智能手机市场，享誉国际的大品牌有苹果、三星、HTC、摩托罗拉、诺基亚等，驰名国内的知名品牌有魅族、联想、步步高等，留给小米的市场空间小得可怜。

为了应对挑战，雷军破天荒地将目标用户定为“手机发烧友”。这与众不同的定位一下子凸显了小米的竞争优势。之后，雷军开展了一系列史无前例的营销与推广活动，为小米的畅销奠定了深厚的基础。雷军深思熟虑，让发展中的小米借用凡客的物流系统，并创造性地推出小米盒子，这一切都是在打造小米独特的闪光点。

雷军强调，企业只有不断打造新的“价值曲线”，才能摆脱竞争。要学会审时度势，必要之时勇敢地打破常规，走上与别人截然不同的道路，才能实现真正的创新。

如今的市场环境中，虽然很多创业者、很多企业打着创新的旗号，却始终在做着抄袭、跟风的事情。当行业创新成为一件稀罕的事情，抄袭模仿却比比皆是，整个行业离没落就不远了。对于个人来说，与别人不一样，才能摆脱竞争。

国内互联网刚刚兴起的时候，各方面都不成熟。创业者们纷纷借鉴国外成功的商业模式，将它们搬到国内的市场上一一尝试。当这些“试验”大获成功，跟风者们便一拥而上，将一个商机围得水泄不通。在这个过程中，逐渐有了自我特色的人最后会胜出，一味模仿不知变通的人却只能落得一个惨败的结局。

“90 后霸道总裁”余佳文一直想要做一个与别人不一样的人。尽管围绕在他身上的争议很多，但他这种追求不同、追求创新的思想却给很多年轻人带来了正面的影响。

余佳文来自一个不富裕的家庭。他的父亲总是会对他说：“佳文，如果你不好好努力的话，你这辈子就跟我一样，在市场上卖猪肉。”从小，他就暗暗发誓，一定要做个不一样的人。高一的时候，身边的同龄人还沉浸在单纯的校园文化氛围中，余佳文却开始了创业。他别出心裁，做了一个高中生的交友网站。一年后，网站为他挣得了一百万元人民币。

大学期间，他开始了第二次创业。这一次，他的路越走越成功。他经常对员工说：“你要野，要够野性，因为我们都是野孩子，我们必须生存。”

余佳文的勇气与“野性”让他有了比同龄人更多的机会。他对于“不一样”的追逐让他成长迅速。当同龄人还在辛苦奔波、揣着简历四处求职的时候，他却已摆脱了这种竞争。当然，余佳文未来的路走得顺利与否，取决于他能否一直保持优势，坚持创新。

阿里巴巴“双十一”的成功更让我们深刻体会到：千篇一律的人生太苍白，别出心裁的道路才能通往精彩的未来。

2009 年前，11 月 11 日是一个再普通不过的日子。2012 年以后，这个日子却变成了一个传奇。2009 年，当时的淘宝商城（天猫）出了一份策划，想要将“光棍节”打造成独属于阿里巴巴的节日。那时候马云还没有意识到，这个日子会在以后大放光彩。

到了 11 月 11 日，“光棍节”促销活动如期展开。让阿里人没有想到的是，大批用户疯狂地涌向淘宝商城，线上销售量一下子攀到顶峰。马云对此又惊又喜，他敏锐地意识到，阿里可利用这个日子大作文章。从此后，“光棍节”购物狂欢日深入人心。

创新是一种难得的勇气和智慧，它的关键点在于：与别人不一样。如果你只将创新挂在口头上，现实生活中却始终跟在别人身后亦步亦趋，只能成为一个彻头彻尾的失败者。

初期必要的模仿会让你成功，却不能担保你一定走得长远。想要立于不败之地，就要树立起自己的核心竞争力。只有和别人不同，才能演绎出格外精彩的人生。

4. 为创新失败的人鼓掌

在 2011 年的互联网大会上，雷军犀利地指出：“我们这个社会是不是一直在为成功者鼓掌？成功者不见得是创新者，因为成功不一定靠创新，如果你做得很大，我复制过来，那我一定可以做得很好。我这里无意批评各位人士，我只想让大家为那些真正创新的人鼓一次掌，为那些真正创新失败的人而鼓一次掌。”

创新的事情 90% 以上会失败，这一点雷军心里很清楚。尽管如此，他还是会努力去克服怕输的心理，勇敢地为创新失败的人鼓掌。

雷军在做小米之前，曾与身边的人谈过自己的想法。他坦白说，其实自己最想做的是一款全互联网销售的手机。听到这个想法，几乎所有人都在给他泼冷水。原来那段时间 Google 做 Nexus One 在网上遭遇了惨败，大家都觉得连 Google 都失败了，他雷军更没戏。

一开始，雷军心里也有点怵。等那些人越说越过分的时候，他却怒了。“难道 Google 失败就意味着我也注定失败吗？”他不断问自己：“如果连承受失败的勇气都没有，如何才能把握住创新成功的机会？”一连串的逼问帮助雷军下定了决心。

迄今为止，雷军还在为 Google 曾经的失败鼓掌。他说，没有 Google 的失败，就不会有后来无数的成功者。如果这个社会不能容忍失败，创新就不存在。

美国 3M 公司有这样一句名言："为了发现王子，你必须与无数只青蛙接吻。"意思是说，在成功之前，你一定会经历无数次的失败。每一家企业创新成功的背后，可能经历过上百次的失败。只有一路摸索着前进，不断总结失败的经验，才能赢取最后的胜利。

3M 公司一直在坚守创新之路，某段时间里，他们不断推出新产品，不断迎来失败。尽管如此，3M 公司从没想过放弃，反而一次又一次固执地推陈出新。3M 公司习惯了拥抱失败，而正是这不可计数的失败为它带来了 6 万多个成功的产品，让它屹立百年而不倒。

创业过程中，要学会坦然面对失败。作为决策者，更要积极为创新失败的人鼓掌。如果你被失败吓到，被周围质疑的目光所打倒，从此后收起那些创新变革的心思，只顾如黄牛般埋头赶路，就会慢慢步入绝境。

哪一个创业者没有经历过"柳暗花明、死而复生"的过程？创新失败不可怕，可怕的是你彻底认输，面对未来俯首称臣、缴械投降。

谷歌的社交网络服务在推出之初虽然受人瞩目，却无法吸引 Facebook 的用户。到了 2014 年，高层决定要对社交网络进行大规模变革。然而，这些举措并没有为其获得更多的流量。虽然这一次创新没有掀起太大的浪花，谷歌却依然在这条路上努力着，从未想过放弃。

谷歌眼镜这种在用户面前放置电脑的创新性目镜虽然在一开始收到了很多媒体的关注，后来却不断有人投诉说，这种设备会侵害到个体的隐私。这些言论让谷歌眼镜的热度渐渐消退，2015 年 1 月，谷歌表示将暂时停止谷歌眼镜原型的生产计划。然而，这次失败没有停止谷歌前进的脚步，一个月后，谷歌又向 FCC 提出了新申请。这预示着，改良版的谷歌眼镜终有一天会“重出江湖”。

这样的案例数不胜数。有人说，是失败造就了谷歌。想要成为一个像谷歌这样的互联网巨头，就得习惯于为失败鼓掌，因失败而奋进。

周鸿祎曾说：“创新不容易，让创新蔚然成风，必须在全社会营造一个容忍创新失败的氛围。”创业路上的亲身经历让他有了这样的体会。

周鸿祎曾拨出一笔不菲资金用于公司路由器的打造。而 360 的研发人员在此过程中曾多次遭遇困境。第一款路由器问世后，用户对它的外形很是嫌弃，说它太像一个肥皂盒，看起来很廉价。还有人“质问”道：“就这玩意成本还要 200 多块钱？我看 50 差不多！”之后又有顾客反馈说，这款路由器的信号太弱了，使用起来一点都不方便。

周鸿祎虽然脾气急，却第一时间意识到他得有足够的胸襟去容纳这种失败。面对一脸愧疚的研发人员，他没有责怪他们，只是调侃道：“因为肥皂盒没有特别贵的，而且拿在手里特别小。路由器是一个家电设备，它不能太小，你们回农村送礼的时候，把标签都撕了谁知道价格，买的时候都挑盒子大的买。”

他这是在用调侃的方式为员工们总结经验。在他的鼓舞下，团队士气高涨。在经过多次修改后，新款路由器终于火爆市场，这让 360 知名度又上了一个台阶。

死守“成王败寇”的老旧思维，不敢创新，不敢迈进未知领域的人会慢慢失去野心，失去核心竞争力。你要学会为创新失败的人鼓掌，更要懂得欣赏创新失败的自己。

雷军一向反感“成败英雄论”。他觉得这种论调太武断，如果社会给予了创新者更多的包容与鼓励，敢于走出舒适圈的创业者会越来越多，社会的创造性也会越来越活跃。

“我们在对成功者鼓掌时不要忘记无数的铺路石。对成功者顶礼膜拜，对失败者嗤之以鼻，会打击创业者积极性。”雷军如是说。在他看来，鼓励创新就要包容失败。

5. 点子虽小，却能引发大风暴

雷军总是说：“很多大的创新，也是一两个小的点子开始的。”而手机行业需要的是非常非常小的创新，这意味着快速迭代，可大大提升手机系统的稳定性。“微创新”更是国内互联网发展的趋势。

很多人谈起“微创新”就不屑一顾，老觉得小打小闹不会带来太大的市场价值。实际上，正是一次又一次的“微创新”帮助了一些企业转型升级，重新占领了市场。

与其整日里苦心思索如何创新，如何大施抱负大展拳脚，不如多从小处着眼，开动脑筋，用一个绝妙的小点子引起一阵大风暴。

2013 年，华米科技成立。那时候华米公司的主要业务是 Android 平板电脑的公司“智器”，但是业绩一直不太理想。华米创始人黄汪陷入了痛苦中，为了给员工发工资，他把房子抵押了出去。度过危机后，黄汪改变了公司的运营方向，果断跨入可穿戴设备新领域。然而现实一再令人失望，尽管之后公司推出一系列的智能手表，市场反应却始终平平。

2013 年，在同事的推荐下，雷军约黄汪见面深聊了一次。雷军对他说：“把所有的东西都抛下来，已有业务要么转掉，要么交给别人做，你和我一起干一件大事。”黄汪吃惊之余，对雷军口中的“大事”很是期待。原来，雷军想要与华米合作推出小米手环。

黄汪一方面对雷军极信任，一方面对市场也有着自己敏锐的判断。他立即决定，停掉所有，放弃所有，将团队的力量一股脑投入到小米手环的制作中去。外界对此嗤之以鼻，觉得手环这种小点子翻不起多大水花，华米这是在玩火。

结果小米手环一举颠覆了市场，华米由此一飞冲天，并于 2018 年成功上市。

不同的思维方式决定了不同的人生。身怀创新意识的人不会小瞧任何一个小创意，他们知道，很多时候一个小点子足以引发一系列惊人的后续效应。

点子虽小值千金，所有的大变革都是从微小的创新开始。正如坐拥无数资产的成功人士，往往是从小生意开始做起；一项改变世界的创举通常是由一个微不足道的举动开始。

在 1985 年的电影《回到未来》中，怪博士一不小心摔了一跤，倒下的瞬间，一个灵感闪过他的头脑。他想到了“通量电容器”，由此发明了穿越时空的装置。

这种场景不只发生在电影中，现实生活中也有很多。英国社会创新家迈克尔·诺顿强调：“社会创新就是从一个好点子开始的。”他举例说，英国的街头流氓总是互相间寻衅滋事，年轻的医生为了改变现状，想出了一个好主意。他将一些急救的窍门教授给流氓“头儿”，后者会帮助他的伙伴们在斗殴中保住性命。渐渐地，街头暴力越来越少。

令医生惊喜的是，这样的做法很快在全球蔓延开来，一个又一个专业的组织在不同城市街头成立。他也没想到，自己一个微小的举动竟然带来了一场巨变。

商业社会中，一个好点子引发一场大风暴的情况更是比比皆是。虽然如今凡客的处境不太好，但它当初的崛起依然给了我们很多启示。陈年花了三年时间将一个卖衣服的网站做到人尽皆知，让凡客的概念深入人心，依靠的不是巅峰性的技术创新，而是一个又一个小点子。

他选用质感较好的牛皮纸来做包装袋，让人们印象深刻。他承诺的“当面验货”、“30 天内无条件退货”等举措也让顾客耳目一新。有了这些小点子，凡客迅速火了起来。

创业之初，王健林拿到了大连市政府的一个“棚户区”

改造的项目。一开始他还很高兴，结果仔细一算，发现棚户区的改造成本一平方米就要 1200 元，而大连当时最高房价也不过每平方米 1100 元。他没有放弃这个注定赔本的买卖，而是积极开动脑筋，用几条小创新，将房价提升到 1500 元每平方米。尽管王健林将房子卖得这么贵，那批房子还是在很短的时间内被抢售一空，市场反馈更是好评如潮。

原来王健林在和团队反复讨论后，拟定了 4 个小变革。首先是建一个通风透气的明厅。80 年代的房子设计大同小异，狭窄的走道连着房间，看起来闭塞狭小。明厅的创意却让屋子一下子敞亮了起来。其次，他们决定每个房子配备一个 5 平方米的洗手间。在当时，普通人家里是不设置卫生间的，万达算是开了个先例。

第三，万达摒弃了木头窗和钢窗，选择了更安全美观的铝合金门窗。最后，王健林不惜耗费成本，给每家每户都安装了最时兴的防盗门。王健林也没有想到，这些小点子不仅让自己赚到了第一桶金，更让万达在激烈的竞争中站稳了脚步。

这些创新现在听起来很普通，在当时的市场上却引发了一系列的风暴。那以后，王健林经常对员工说，不要小看一个好创意，若能将它巧妙地应用，它能发挥出惊人的能量。

大众汽车的改造过程正印证了这一点。将一个基础款的车身拉长它就变成了帕萨特，减掉一个后座就变成 CC，揉圆一点就变成甲壳虫，压扁一点就变成尚酷……

记住，一个小创意足以改变世界，乃至在历史上留下浓墨重彩的一笔。

6. 颠覆既往的路，发现另一个蓝海

雷军常常被称为颠覆者。这条路上，他愈挫愈勇。2014年的某次演讲中，他一再以自己的血泪史告诫大家：“一定要勇于颠覆自己。”

惯性是传统企业转型的最大敌人。敢于颠覆既往的路，才能从“羊群”里跳出来，拥抱另一片天空与蓝海。

大概在15年前，每逢国内开互联网大会，雷军都很郁闷。他不敢坐在中间，只尴尬地绕着场边走。面对众人异样的目光，他的心里仿佛在流泪。因为那时候他总感觉自己似乎成了局外人，不再是互联网的主流。

多年后的演讲会上，他感慨地说：“1999年、2000年那时候，我非常纠结，绝不亚于今天的大家，因为我的行业已经被颠覆了，我的人都被挖走了，我们怎么样能够活下去？”

台下坐着万科董事长郁亮及其他的传统企业家。雷军看着他们，眼神慢慢坚定起来：“路只有一条，那就是颠覆自己。”唯有颠覆自己，才能活下去。

有人说，雷军是以三大颠覆性思维创立了小米。首先是归零思维；其次是颠覆性互联网思维；最后是口碑为王。他用小米开创了另一片蓝海。而“让自己骄傲，让家人和朋友骄傲，让整个民族骄傲”的小米，无疑是颠覆性创新的产物。

雷军以手机作为开端，以独特的姿态强势杀入硬件产业，他的“硬件四大圈层”布局被称为“行业推土机”，所到之处，俱是一片惊涛骇浪。

专业人士评价说，小米玩硬件，与其他公司截然不同。小米的最终目的是一个庞大而丰富的生态链，而它目前的种种举措，包括获得用户，打造入口等，都是在为此服务。

就这样，传统规则被打破，既往的路被颠覆，一个又一个充满商机与希望的蓝海出现在世人面前。

中国工程院院士周立伟在某次创新博览会上说：“创新不是改良，而是真正的颠覆。”优客工场创业投资公司创始人毛大庆亦说：“今天谈创新，要谈你是不是在制造一个新赛道，而不是在原来的赛道上挖、填，那都不是创新，那仅仅是改良和改善。”

所谓的“颠覆式创新”，就是立足于今天，提前做未来的事情。创新的挑战与风险不言而喻，但它能让我们始终屹立于时代的前列。敢于主动挑战，就是在创造未来。

2015 年 10 月，毛大庆在纽约碰到了一个很奇怪的人。他自称爱迪生的曾孙，又是哈佛大学的一个研究员。毛大庆对他很感兴趣，两人便聊了几句。

毛大庆问：“你怎么看中国大众创业，万众创新？”那人耸耸肩：“没什么大不了，这是全球趋势。”随后那个人又说他今天听了很多中国学生的路演，印象最深的是“独角兽”这个词。他笑着说：“‘独角兽’这个词第一次出现的时候是 1882 年，当时美国的一家报纸称爱迪生电气有限公司为独角兽企业。”

毛大庆陷入了沉思：“从1860到1990年这三十年间，世界涌现了无数伟大的发明创新，而之后的一两百年间出现的创新项目却很少。这是为什么呢?”那人目视着他，缓缓说：“在我看来，颠覆性创新的时代又一次降临世界，那就是现在。任何新生事物的诞生，任何的颠覆，都不能被定义为不靠谱。”

这件事带给毛大庆很多思考。他认为，在如今这个时代，哪怕是难以想象的颠覆和创新都不应该被质疑，只有勇于颠覆过去，颠覆自己，才能迎来新的生机。

盘点那些赫赫有名的世界级企业，从Twitter到苹果，从微软到亚马逊，哪一个不是颠覆性创新的拥趸者?而雅虎、PIM、诺基亚这些公司却因逐渐丧失了创新的觉悟及颠覆的勇气，遗憾地成为市场的弃子，失去了荣耀的光环。

当你习惯了既往的轨道，不疾不徐、按部就班地向前行走的时候，总有一天你会被后来者大步跨越。当你畏惧改变，怀疑创新的时候，你早晚会被时代无情抛弃。

2008年，旧金山。刚刚毕业的切斯基和乔·吉比亚背着背包，来到西部闯荡。钱很快就被花光了，为了赚点零花钱。囊中羞涩的他们想出了一个好主意。他们将公寓打扫干净，铺上气垫床，为从各个城市赶来参加工业设计会议的参会者提供住宿。没想到生意还不错，于是两人灵机一动，决定建立一个网站来为自己的留宿服务打广告。

那时候切斯基和乔·吉比亚根本没意识到他们其实是遇

到了一种新型经济模式。但当他们发现到这一点后，两人当即决定一定要将这项创新进行下去。他们利用信用卡打造系统更丰富庞大的网站。之后，以前的室友内森·布莱卡斯亚克加入了他们的团队，三人将网站更名为 Airbnb。Airbnb 起步缓慢，不仅拉不到投资，还屡屡被质疑、嘲讽、打击。只因“共享经济”的概念对于当时的人们来说实在是太陌生。但三人不管不顾，立誓要将 Airbnb 进行到底。

过去，人们从报纸中读取各种资产交易。Airbnb 及其他同行们却利用互联网技术颠覆了人们持续了数百年的习惯。当切斯基和和吉比亚团队决心要颠覆既往的路后，Airbnb 第一时间锁定了“共享经济”的蓝海。

大多数人之所以平庸，不是因为能力不够，而是因为不思进取，害怕改变。颠覆性创新对于他们而言更是一项难以想象的挑战。可只有勇于突破陈规，换一种活法，才能不断开创人生的新局面。

7. 经验不一定可靠，无需盲听盲从

雷军总是说，互联网时代的王道是创新。过往的经验虽然为之后的创新打下了基础，但创新的本质却是对前人的突破与颠覆。

即使是通过长时间实践累积而成的经验，也有失效的时候。对它盲听盲从，是很危险的。行走在创业的道路上，有

时候，别太把经验当回事。

雷军就曾多次被过往的经验所干扰，差点作出错误的判断。

雷军信奉“快”，一直急吼吼地想要小米快一点，更快一点。同事王川却总是提醒他说：“我们还要多快啊，三年已经干了多少了？我们能不能慢点儿呀。车开到400迈，随随便便就能翻车。”结果2015年，小米果然跌了跟头。一番反思后，雷军郑重表示，小米要“补课”。

当初谈到小米的国际化路线，其实雷军也是有过犹豫的。有一次他拽住王川闲聊，吞吞吐吐地说，依据以往的经验，国际化路线不是那么好走。他还给王川一一举例说哪家公司走国际化失败，结果翻了车……

王川翻了个白眼：“如果只是做国内市场，那我就不干了。”雷军想了又想，还是下决心先将那些经验抛在一边，专心建立属于小米的世界级品牌。国际化路线就这么被拍板决定了。

哲学家萨特说：“如果试图改变一些东西，首先应该接受许多东西。”人在接受事物的同时不断累积经验，这为创造力的提升打下了坚实的基础。

所以说，经验有助于创新，站在巨人的肩膀上才能快速前进。但尤其需要注意的是，若一味相信过去的经验，到了盲听盲从的地步，便是彻底束缚住了创新的翅膀。

有个小故事是这样说的，有两个人一起相约爬山，刚爬至山腰，两人便轻车熟路地钻入密林，沿着一条羊肠小径向上攀登。原来上大学的时候，他们经常爬这座山，所以对这条小路很熟悉。爬着爬着，前方出现了一个木牌。

木牌上写着："此路不通，请登山者择路而行。"一人看了，拉着身边的伙伴想要转到另一条山路。另一个人却不服气："这是条捷径啊，怎么会不通呢？当年我们不是爬过很多次吗？来，跟着我走，我就不信邪了！"

他执意要走这条路，同伴只好妥协。这路如同记忆中的一样，越走越宽阔，两人得意极了。谁知在离山顶只有一步之遥的时候，他们却发现山路已被碎石牢牢堵住。无奈之下，他们只得沿原路返回。此时天已黑透，两人好不容易回到山腰，突然发现之前那块木牌的背面写着："说了没路，你偏不信！"他们面面相觑，不禁嗟叹："原来经验不一定靠谱！"

毕胜在雷军的劝说下开始了创业。一开始做玩具，之后基于市场风向的判断，毕胜果断转型做鞋子。他在雷军的帮助下成立了乐淘网。2010 年，乐淘网获得千万美金投资，风头一时无两。2011 年，乐淘的巨大流量一再引来资本市场的青睐，而其潮鞋产品亦是持续热销。

在外界看来，乐淘势头一片大好。此时，毕胜却突然跳出来说，别指望着电商能赚钱，大家的成本都远高于利润。他认为接以按的经验，完全可以说电商就是骗局。

毕胜大手一挥，一方面砍掉了乐淘原本的经销体系，一方面让企业走上了猛烈的转型之路。更糟糕的是，他大量扩充自有品牌，导致乐淘库存暴增，利润骤降。

此时的凡客也陷入到危机中。两难之下，雷军还是选择了凡客，放弃了乐淘。

基于以往经验，毕胜提出了电商骗局论，没有人敢判定对错，但它确实不符合时下的趋势。所以乐淘消失之后，毕胜只能无奈地看着唯品会、聚美优品等一一崛起。有人说，如果毕胜当年没有盲目偏信自己的电商骗局论，也许乐淘会成为今天的京东。

美国心理学家哈罗曾以恒河猴作为研究对象，他发现动物在相同的环境中反复练习一套动作的时候，会对这套动作形成固定印象。每到了相同的环境中，不管需不需要，恒河猴都会习惯性地去做这套动作。这可被概括为思维定式。

在思维定式的禁锢下，创新几乎成了一件不可能的事情。经验和阅历让你丰富，却也会麻痹你的判断力，让你的种种创新失去成功的可能性。

Devver 的创办人是两位宅男工程师，某段时间里他们埋头于产品的开发与设计，堪称废寝忘食。基于过往的经验，两位工程师对产品的市场潜力信心满满。他们从未作过一次市场调查，至于谁是潜在顾客，他们也无暇去想。让两位工程师失望的是，产品问世后，虽然性能优质却始终无人问津。最后，Devver 公司只撑了两年便倒闭了。

其实当初 Devver 服务的市场估值高达数十亿美金，堪称一次技术创新。但无奈两位创始人在研发之前根本没弄清市场大小与前景，正因他们盲目相信经验，才错过了这次机会。

脱离经验的创新很难实现，而盲目相信经验却可能导致全军覆没的结局。某些时候，经验是企业前行的指明灯；某些时候，它却成了干扰创新的唯一因素。

很多企业在革新的过程中频频吃“经验亏”，是因为决策者太重视过往的经验，却忽略了外部大环境的变化。这提醒我们，行走在创新之路上，一定要理智看待、合理运用过往的经验。

第十章

不惜血本找人才，然后留住他

1. 什么都能缺，人才不能缺

雷军说，找人是天底下最难的事情。那时候他已经深深领悟到：谁拥有最多的人才，谁就拥有最大的资本。

雷军也有过错失人才的经历。基于这些惨痛教训，小米时期的雷军对于人才越来越重视。他多次在公开场合强调："什么都能缺，人才不能缺。"

1998 年，雷军看中了张小龙的 Foxmail。当时张小龙还只是广州一家公司的普通职员，当他接到雷军电话的时候，不禁颇为激动。电话那头的雷军问道："能不能将 Foxmail 卖给金山？"张小龙犹豫半天，回答说："……那就 15 万吧。"

雷军一听这价格挺合适，便痛快地答应了。本来雷军想要邀请张小龙来金山总部细谈合作事宜，结果有事耽搁了。他便派了金山的研发人员去广州，与张小龙洽谈。结果，研发人员不识货，觉得张小龙的 Foxmail 没啥前景，一口回绝了这个项目。

两年后，张小龙以 1200 万元的价格将 Foxmail 卖给了一家公司。后来这家公司又将张小龙和 Foxmail 打包卖给了腾讯。张小龙从此加入腾讯，成为马化腾的得力干将。

张小龙将腾讯 QQ 做得风生水起，连 MSN 的 hotmail 都成为其手下败将。等到小米的米聊横空出世后，张小龙敏锐地意识到，米聊将成为 QQ 的最大对手。他立马发了个邮件给马化腾，郑重说自己准备做微信，对抗米聊。在马化腾的大力支持下，2011 年微信成功上线。

如今，微信早已将所有的竞争对手甩在了身后，张小龙一跃成为腾讯公司的第一大功臣。雷军曾多次为错失张小龙这个优秀人才而痛心疾首。痛定思痛后，他决定要不惜血本找人才。

有商界大佬坦言，一个企业最大的投资失误在于人才。找错人比失去一个项目更可怕。错过一个优秀的人才，无异于错过一个璀璨的未来。

早在 1997 年，美国麦肯锡公司在经过一系列的研究后，提出了“人才大战”的概念。麦肯锡指出，高素质人才正逐渐成为最宝贵最稀缺的资源，而如今世界各国争夺专门人才的趋势愈演愈烈。这无疑是在说，现今商业社会中，什么都能缺，人才不能缺。

大部分企业在发展过程中面临的最大危机正是人才。产品不够好可以改进，市场不够大可以转型，利润不够高可以创造，但若缺乏优秀的人才，一切都是空谈。

雷军认为小米之所以会成功，是因为它做到了硬件、软件、移动互联网这三类资源的融会贯通、高度匹配。小米要突围，也必须实现“铁人三项”。于是他孜孜不倦地寻找这三个领域内最棒的人才，将他们的技能与潜力相融合，去创造小米的未来。

雷军也曾说过，一个公司想要持续运营下去，光有一类人才不够。不同的职位需要不同的人才，除此外，当公司处于不同的发展阶段，亦需要不同的人才来领衔。缺少优秀人才的企业，拥有再多的资金、再强硬的背景也无法走得更远。

某民营企业近年来业务下滑得厉害，董事长先是针对公司内部的市场营销体系作出了一系列的改革，谁知收效甚微。随后他又责令市场部加班加点去设计各种营销活动来拉升利润，结果企业还是如同一潭死水，业务成交量少得可怜。后来在身边人的建议下，董事长才意识到，企业目前最大的问题是缺少手腕强劲、能独当一面的人才。

知晓问题的关键后，董事长陆续引进一批又一批的“空降兵”，希望能够改变现状。结果，这些人中一部分很快便辞职另寻他家，一部分因工作态度不专业被炒了鱿鱼。留下的部分“人才”实际上只会口头空架子，根本不具备执行能力。企业原先的问题没有解决，又引来了一堆新问题。

缺少人才的企业如同沙漠上缺水的植物，只得奄奄一息，等待着最后的灭亡。

既然人才如此重要，那么人才究竟从何而来？雷军说，要从外部引进，也要从内部选拔。

想要维持企业生命力，必须持续不断地引进高素质人才。但过分依赖“空降兵”，或者错信一些脑袋空空的“口头人才”，定会导致企业遭遇一系列坍塌与失败。

企业最需要注意的是不断修正内部的人才选拔、培养准则，确保其与时俱进。记住，只有所有在岗职员都能各展才华、大施抱负，企业才能越走越辉煌。

通用、IBM、埃克森美孚等国际知名企业就十分注重人才的培养，他们在内部员工的培养机制上花了很多功夫。摩托罗拉每隔两年便会以所有员工为筛选目标，从中精选40位高层领导。新任高层领导就职后，必须马上参加一个两年制的MBA课程。这些激励政策给了很多普通员工成长为优秀员工的机会和信心。

人才是企业的立身之本。作为一个创业者，你要努力寻找优秀人才，让他们成为你的核心力量；作为一个普通职员，你要努力提升自己，成为“伯乐”眼中最重要的人才。

2. 花最多的时间找最“牛”的人

聊到人才的话题，雷军淡然一笑：“很多人都说，找合伙人太难了，但我觉得很简单，你找不到人只是因为你花的时间不够多。”

在如今的社会中，企业之间的竞争早已转化为人才的竞争。耐心，是赢得“人才争夺战”的关键。记住，只有花最多的时间，才能找到最牛的人。

小米之前，雷军从未试过硬件创业。为了找到一个最优秀的硬件工程师，雷军用了个笨方法。他做了一个excel表格，上面密密麻麻写满了工程师的姓名及其他信息。雷军一个一个打电话诚意邀请，最后他一共打了 90 多个电话。

面试的过程中，雷军对某位硬件工程师的工作能力很中意。面对雷军的盛情邀请，对方却有点迟疑。为了说服他，雷军靠着“三寸不烂之舌”，足足“缠磨”了对方将近 10 个小时。

想不到那位工程师竟“软硬不吃”，始终不相信雷军口中的小米能有啥大作为。雷军沉默了一会儿，问道：“你觉得你钱多还是我钱多？”对方有点诧异：“当然是您钱多。”

雷军点点头，口气真诚无比：“那说明我比你会挣钱。不如我们俩分工，你就负责产品，我来负责挣钱。”对方一下子被雷军的魄力打动，果断选择加入小米。

如今的小米硬件结构工程负责人第一次面试也是在雷军的办公室。他们从中午 1 点左右开始聊，4 个小时后，这位负责人憋不住了，出来上了个洗手间。刚一回去，雷军却微笑着说：“我把饭订好了，来，咱们继续聊聊！”这一聊便聊到了晚上 11 点多。这位负责人终于答应加入小米，事后他开玩笑说：“赶紧答应下来，不是那时多激动，而是体力不支了。”

小米在员工招聘这一块有着自己的原则。他们坚持用最好的人。雷军说：“我一直都认为研发本身是很有创造性的，如果人不放松，或不够聪明，都很难做得好。”他强调，最牛的工程师一个顶一百个。所以小米为了寻找核心工程师，一直不惜血本。

在雷军看来，所谓最牛的人才一定有着很强的自我驱动力。只要将他放在合适的岗位上，给予他充分的自由，让他保持着“玩”的心态，他就能轻易做出打动人心的产品。他坦然说：“所以你今天看到我们很多的工程师，他自己边玩边创新。”

这样的人才难得，只有老老实实花时间去找，才能练就“慧眼识珠”的本领，用耐心和诚意打动那个最牛的人。

“我过去常常认为一位出色的人才能顶两名平庸的员工，现在我认为能顶 50 名。我大约把四分之一的时间用于招募人才。”乔布斯的这句名言让雷军颇为震动。业内流传乔布斯参加过的招聘会大约有 5000 多次。他曾亲口说自己最核心的工作是组建一支“A 级小组”，成员有设计师、工程师和管理人员，都是一流人才。

当年谷歌进入中国时，为了找到最优秀的人才来担任中国区总裁，谷歌高层足足约见了 200 多个华人职业经理人。高层代表特意空出时间，与这些经理人一一详谈，一番努力后终于锁定了李开复。李开复入职后，花了一年的时间去国内各大高校举办巡回演讲。结果那一年，谷歌收获了国内 2000 多名优秀的高校人才。

若仔细研究这些企业的成长史，你会发现这样的案例比比皆是。

2014 年夏天的一个晚上，柳青代表高盛邀请滴滴创始人程维一起吃晚餐。他们在北京上地那家小餐馆里边吃边聊。柳青再三表示，说高盛想要投资滴滴，程维却一口回绝，没有留下丝毫余地。柳青有点生气，赌气道："不让我投，我就给你打工吧！"

程维眼前一亮，他撇开投资的话题，认真地和柳青谈起这件事来。柳青瞪大了眼睛，拼命解释说自己刚刚是在开玩笑。而程维却不管不顾地当了真。

回去后，程维找来董事会成员，想要和大家商量这件事。滴滴天使投资人王刚十分讶异，虽然他一直告诉程维要找最牛的人入伙，但他实在想象不到程维居然敢挖柳青。

柳青出身名门，父亲是联想集团创始人柳传志，而她本人也已做到高盛亚洲区董事总经理的位置，那时候的滴滴虽然看似前途光明，但起步企业资金紧张，根本担负不起柳青的超高薪资。

程维却下定决心一定要请到柳青这个难得的人才。他对公司财务总监说，不惜一切代价也要挖来柳青。之后，程维不断找柳青谈判，拼命游说对方加入滴滴。见柳青始终犹豫不决，程维和几名高管为她安排了一次西藏自驾之行。最后，柳青终于被程维的诚意打动，告别高盛加入了滴滴。

程维的一番苦心很快便有了回报，2014 年底，入职不到半年的柳青一手促成滴滴 F 轮 7 亿美元融资。

美国第一资本投资国际集团公司的首席执行官一语点破天机："大多数公司中，人们用 2% 的精力招聘，却用 75% 的精力来应对当初的招聘失误。"

为了寻找到最牛的人才，你得极富耐心。可惜的是，市面上的很多公司都会忽略这一点。他们在招聘上花费极少的时间，却将希望寄托于之后的培养，结果人才没培养出来，反而鸡飞蛋打，闹得不可收拾。

记住，只有花最多的时间找最牛的人，企业的未来才值得期待。

3. 优秀不是唯一标准，合适的才是最好的

雷军找人有两个要素，一要最专业，二要最合适。他说的“合适”指的是创业心态，指的是岗位匹配度。这样的员工敬岗爱业，与公司有共同的愿景，能与公司共进退。

老话说得好，鞋子好不好只有脚知道。鞋子的样式流不流行、价格昂不昂贵不重要，重要的是它适不适合你。合适的穿着才舒服，才最难得。挑选人才也是同样的道理。

雷军总是会用大量的时间寻找牛人。但他坦言，优秀并不是牛人的唯一衡量标准，关键还得适合。人才需要合适的舞台才能大展才华，企业也需要合适的人才去帮助其开拓未来。

1999 年底，雷军开始了卓越网改组的行动，第一步是招兵买马。首先他找到了王树彤，后者曾是微软最年轻的中国区高管。有一次，雷军在与王树彤吃午餐的时候提到招人的问题，王树彤想了一会，向他推荐了一个人：陈年。雷军对这个名字不陌生。陈年曾参与创办席殊好书俱乐部，之后又创办了《书评周刊》，在业内挺有名气。

面对王树彤的大力推荐，雷军犯了难。陈年所在的行业与互联网并不相干，况且他还那么年轻，雷军觉得卓越网需要的是经验丰富能力优异的工程师。王树彤却一再提议让陈年试一试，说不定他是适合卓越的人才呢。

雷军觉得王树彤的话有道理，便向陈年发出了邀请。后者以帮忙的形式加入，不久便大放异彩。原来那时候的卓越主打图书品类，陈年做过编辑，他作的决策往往能够引爆整个网站的流量。之后的一件事更让陈年成为卓越的大功臣。

陈年曾听电影圈里的朋友说，有一家出版社手上积压了一批《大话西游》的 VCD，为了挽回损失，这家出版社决定要低价处理这批 VCD。陈年第一时间联系了这家出版社，花了点钱将这批 VCD 买了下来。不久后，这批 VCD 出现在卓越网上，成功吸引了大批的电影爱好者。

让雷军吃惊的是，卓越的名头竟由此打响。从此后，雷军格外倚重陈年，两人还结下了深厚的友谊。

优秀的王树彤是卓越网需要的人才，毫无互联网从业经验的陈年却也是卓越网需要的人才。只因陈年脑筋活跃，敢于冒险，他的行事风格与新生的卓越网格外匹配。

陈年的经历证明，优秀不是唯一标准，合适的才是最好的。

“经营之神”松下幸之助说：“70 分的员工才是适合公司的员工。”他不期待 100 分的人才，是因为这样的人往往心气很高，对公司的抱怨多于宽容。而 70 分员工一般有着较大的潜力，主动性强，沟通起来也比较容易。

当然，无论是 100 分还是 70 分，只要各方面条件都很契合，就是最好的。

对企业来说，人才建设很重要。而每家公司对心目中的合适人才都有一套标准。有的公司依靠学历来判断，有的公司只看工作年限，实际上这些因素都能被囊括入衡量标准中。但一定要记住，“唯学历论”“唯经验论”这种极不客观的论调对企业发展没有好处。

招聘的时候只以表面上的“优秀”作为衡量标准，或许也能招到一批简历漂亮、能力很强的新人，最后却无奈地发现他们的性格与企业文化背道相驰，能力与岗位也并不匹配，这无疑是在浪费公司的时间和精力。

有了卓越网的经历，雷军深深明白，合适的人才最难得。所以到了小米初创阶段，雷军将用人标准定为“他得有创业心态”。雷军清楚，那一阶段的小米需要的是对创业极富热情、性格坚毅的人才。这样的人享受自我燃烧的感觉，主动性超强。事实证明，他招来的员工果然很适合小米。

马云也曾说过：“创业要找最合适的人，不要找最好的人。”马云不期待完美的人，对他来说，合适的人才能产生让人意想不到的化学反应。

2011 年，马云在做客某档节目时吐露心声：“2001 年的时候，我犯了一个错误。”

事情得从头说起，那一年马云突然意识到他需要背景更深厚的人才来帮助阿里巴巴崛起。他在某次演讲上忧心忡忡地对阿里“十八罗汉”说：“你们只能做个连长、排长，团级以上干部得另请高明。”“十八罗汉”心里打起了鼓，这批人当年能够放弃北京高薪，跟着马云回杭州创业，唯一原因在于他们相信马云。因为这份信任，他们没有任何怨言。

2006 年前后，马云从外部引入一大批职业经理人。这些人包括曾经的百事可乐中国区 CFO 吴伟伦、百安居中国区 CEO 卫哲等等，都是名声响亮的国际级人物。

结果 10 年后，马云却沮丧地承认，当初的这个决策很失败。那些空降人才早已走得干干净净，陪在他身边还是当初的“十八罗汉”，而且他们的能力越来越强，如今个个身居要职。

事后，马云分析说，这些来自世界 500 强的高尖端人才虽然优秀，却并不适合阿里巴巴。双方之间最大的矛盾在于，他们的处世风格、个人性格与阿里巴巴的企业文化相悖。

经历了这件事后，马云多次告诫后辈创业者，不要只看重人才的背景与履历，如果他们能与企业文化相契、乃至“无缝对接”，就是最适合的人才。

企业与企业间的价值观、发展目标各有差异，需要的人才也各不相同。哪怕毕业于 MBA，有世界五百强的工作经历，也不一定能适应任何一家企业的工作氛围。

作为管理者，在制定选拔标准时一定要做到心里有数。不要将一份漂亮的履历作为唯一的衡量标准，多想想什么样的员工才是最合适的。

4. 成功的投资是用对的人把事情做对

雷军有一句名言："用对的人把事情做对。"在任何一种生产活动中，人都是最重要的资源。以人为核心，只有用对了人，才能更快到达梦想中的目的地。

作为决策者，一定要有一套理智、客观而又精准的用人之道，将"选对人、做对事"作为人才管理的标准，这样才能"人尽其才，才尽其用"。

当年雷军在开启杀毒软件项目后，一度不知道该选谁来做这件事。那时期，金山优秀员工都把热情投注在 WPS 新版本的研发上，谁都不希望这么"偏门"的项目落在自己的头上。雷军想，他需要的是一位兢兢业业、脚踏实地的工程师，只有这样的人才能担此重任。

就在这时候，他想到了金山的老员工卢新冬。多年接触下来，他对卢新冬任劳任怨、谨慎踏实的工作态度印象深刻。其次，卢新冬的能力也很强，他极其擅长逆向汇编和底层开发，正是他需要的人才。雷军很快找到了卢新冬，同他深谈了一次。不久后，金山的"反病毒小组"成立了，卢新冬是组长，也是唯一的组员。

让雷军欣慰的是，卢新冬果然没有辜负他的期望。他每天窝在珠海金山四楼的一个角落里，在电脑前"耕耘"着，几乎每天都会奋战到夜里两三点。

1998 年，能力同样突出的陈飞舟加入金山反病毒小组。随着这支队伍不断壮大，雷军慢慢发现，卢新冬虽然性格执着能力不错，却缺乏管理才能。他总是一个人待在角落里忙着自己的事情，不太擅长处理一些人际交往问题。卢新冬当然是个天才程序员，却不是个合适的领导者。相较之下，陈飞舟却性格活跃，遇事沉稳，有大将之才。

几番思索之下，雷军作出了调整，让陈飞舟领衔毒霸团队。后者很快做出了一番成绩。

雷军说，成功哪有那么复杂，无非是把握住对的时间，灵活任用对的人，再将事情做对。

所谓“骏马能历险，犁田不如牛。坚车能载重，渡河不如舟”。会找人，不如会用人。每个人的才能都不一样，别将骏马浪费在土田里，也别指望肥猪能上树。管理者只有将正确的人放在正确的位置上，才能实现预期中的效果。

业内流行一句话：招聘就像一场“婚姻”。企业看中的人才，人家未必愿意；应聘者意愿强烈，企业却又不是很满意。两难之下，HR 常常为招人的问题抓破了脑袋。尽管如此，高级管理人员还是会在人事决策上花费很多时间。这是因为企业若发生这方面的错误，必会产生一系列不可预估的、短期内难以消除的负面效应。

通用汽车的 CEO 史隆总是会在高阶主管会议上提到员工的任用问题。有一次，为了挑选一名机械师傅，他不惜撕破脸面和高层主管们吵了起来。这让管理大师彼得·杜拉克十分不解。面对杜拉克的疑问，史隆严肃道：“如果我没有将正确的人安插在正确的位置，之后一定会浪费很多时间来处理这个错误。”

成功的企业家大多明白这个道理。正如管理奇才约翰·韦尔奇所说：“管理者要清晰地看到人与人之间的差别。”能当 CEO 的不能让他当厂长，能当厂长的不能让他当职员。用对的人将事情做对，才能有效提升效率，节省成本。

对此，雷军总结说，用人就要用他的长处。你要看他能做什么，而不要纠结他不能做什么。你能碰到几个“全才”？如果用“全才”的标准来要求员工，就找不到什么可用之人了。

管理者要做到“量才而用，适材适所”，就要了解每个人的心性、品德、才学，知道他的优势和缺点，并能有效地“扬其长，避其短”。这就是用对的人把事情做对的真正含义。

雷军的一句话改变了王欣的一生。当年，年轻的王欣来金山应聘。她自如大方的自我介绍瞬间吸引了雷军的注意力。王欣应聘的职位是程序员，雷军却突然来了一句：“女生写程序是没有前途的。”

听到这句话，王欣有点愠怒。她想这人怎么能这样，这不是在否定她的工作吗？她和雷军争论起来。见面前的女生说起话来条理清晰、口齿伶俐，雷军眼里闪过几分欣赏。

王欣越说越激动，雷军却用一句话让她安静了下来。他说：“你写程序有写诗一样的感觉吗？”王欣愣了，想了想，摇摇头。

雷军两手一摊：“这不就完了吗。”事后雷军对她解释说，她不是做不了程序员，只是在他看来王欣更适合做产品经理。于是，王欣成为金山第一批产品经理。

全球投资行业教父瑞·达利欧说：“经过数十年的用人、管人和裁人之后，我才明白，要真正取得成功，我需要做员工的指挥，他们当中的许多人（如果不是全部的话）演奏乐器都比我强，如果我真是个伟大的指挥，我就能找到比我更强的指挥，并招募过来。”

用人不当的代价实在太过高昂，若盲目地将某个责任推向那些无法称职的员工身上，只会导致双方失望沮丧，乃至愤怒。当这种情绪蔓延，整个公司的运转都会受到影响。

所以说，最成功的投资是用对的人把事情做对。管理者心中要有一把衡量的标尺，要有一根充满魔力的指挥棒，要去尝试着将不同人才安排到不同的岗位上，尽量去挖掘、引导、发挥他们的才能和潜力。

5. “筑巢引凤”，给人才上一副“金手铐”

“大多数创业者找到人以后，又会面临一个新问题——如何留住人?”雷军这句话值得所有人深思。

想要找到合适的人才很难，留住这些人才更是难上加难。面对一波波愈演愈烈的“离职潮”，企业管理者应抓紧时间“修炼内功”，充分发挥聪明才智，给人才戴上一副

“金手铐”。

2008 年，徐和谊坚定说道：“咱们就是慢慢干，我非让国内的几大集团，我们的伙伴对北汽刮目相看。”然而 10 年后，北汽却身陷人才危机，让徐和谊烦心不已。

成立不到 8 年的北汽频频经历人事动荡，高管团队一次又一次地分崩离析。面对外界的质问，徐和谊只能苦笑着说：“这是正常的人事变动……”

2017 年，北汽的业绩越发糟糕。媒体认为北汽每况愈下的原因在于企业留不住人才。

某权威机构调查发现，员工离职后，即使顺利找到新人，替换成本却高达离职员工年薪的 150%。除此外，离职员工的职位越高，企业需要付出的代价越大。

像雷军、马云这种级别的企业家身后通常跟着一个几万人的团队。如何留住人才，从始至终都是这些成功企业家们关心的重点。马云就曾说，阿里巴巴财产增值的第一人是 HR。而 HR 的首要职责永远不是招人，而是留人。

人才流失所带来的负面影响清清楚楚地记载在公司财务表上，它直接伤害团队的稳定、公司的凝聚力，更会导致利润直线下降。

会招人不如会留人。雷军除了招人、用人有一套，在留人方面也有很多心得。在他看来，留人得分四步走，首先要打造利益共同体。

他强调，重金、高薪未必能吸引到优秀人才的目光，一个利益共同体却能让他们心甘情愿地发挥动力，尽情燃烧自己。小米创立之初，雷军为各大人才们设定了一套组合方案，让他们自由选择。第一，和跨国公司一样优厚的报酬；第二，拿 2/3 的报酬，加上一部分期权；第三，1/3 的报酬，加上更多的期权。

这套方案赋予了员工最大的选择权，大部分小米员工都选择了第二种方式，这让他们与公司站在了同一条战线上。雷军还说，小米初期的员工，每个人都投了钱，大家选择了一起破釜沉舟去创业，战斗力立时高涨起来。

2010 年，雷军找到林斌，想要拉他一起创办小米。在这之前，林斌分别在微软和谷歌做到高层。工作了 15 年的他存了一笔积蓄。当雷军问他是否愿意将存的钱拿出来投资小米的时候，林斌犹豫了。他想，自己这点小积蓄和雷军比简直是小巫见大巫，要是公司做不成，他这半辈子的积蓄都得搭进去。

见他吞吞吐吐，雷军笑了，说："投资什么都不如投资你自己。"这句话让林斌如遭重击。他反复思索着这句话，几天后终于想通了这个道理。

他将这件事告诉了妻子，两人商量着要豁出去创业，甚至做好了过几年苦日子的准备。夫妻俩卖掉股票，将所有资产一股脑地投给小米。那一刻，小米也成了林斌"亲生的孩子"，一想到这是自己的事业，他每天都干劲十足。

林斌经常说，小米是他这辈子最成功的投资。这也是很多小米员工的真实心声。

留人第二步是"将培养真正落到实处"。雷军说，每一家创业公司都很清楚人才的重要性，虽然他们努力营造适合中高端人才生存发展的环境，努力完善内部培训，但收效却有限。

“我觉得主要问题是没有设置专项的培训费。没有费用预算，人力资源部不会当成专门的事情来做，也没有办法引进好的讲师和好的课程。”雷军如是说。企业只有舍得投入才能留得住人。企业必须建立完整的激励机制，留出专门的预算、用专人来负责这一块。只有将培养真正落到实处，才能促动员工的积极性，大大提高员工的执行力。

某公司老总为人才流失的问题大伤脑筋。他常常向身边的人抱怨说：“公司向来按时发放工资，薪水也不低，为什么就是留不住人呢?”

明眼人指出，公司之所以留不住人是因为在员工培训方面存在着重大的问题。在如今的社会中，互联网技术更迭快速，网络业知识日新月异，可是该公司在员工培训方面却没有任何计划。很多新人刚进公司的时候抱着浓厚的学习心态，结果等来等去也等不到学习的机会。即使如此，公司的要求却越来越严格，IT 部门的员工在越来越吃力的情况下敢怒不敢言。

压抑了一段时间后，大家纷纷负气辞职，留下了一个烂摊子不管不顾。

留人第三步在于“以情动人”。对于管理者来说，他所做的最深入、细致的工作是用情感来留人。一个真正用心的管理者能准确掌握到员工的心理状态，主动通过各种方式来与员工建立情感纽带。管理者只有舍得花时间和精力，才能顺利打开一道道紧锁的心扉，获得最真挚的信任。

最后雷军说，想要留人就一定得取信于团队。他指出：“如果你总是想占公司的便宜，长此以往，这将得不到团队、合作伙伴和股东的信任，你们也很难会再有合作。”

管理者得在心中算好这笔账：人才成长期内，企业付出的人工、时间等成本几乎得不到有效的回报，一旦出现人才流失的情况，除了要白白赔付之前的人才培育成本，企业还不得不持续付出之后的人才重置成本。在这个过程中企业的无形资产也会产生一定的损失。这更体现了人才危机的严峻形势。

想办法招人，更要多花心思留人。留住了人才，就相当于保存了企业持续发展的能力。

6. 最佳的团队才能做出极致的产品

每当总结用人经验，雷军必会着重强调：“团队第一，产品第二。”

有人追问他创业成功的因素是什么，雷军口气肯定：“最重要的是团队，其次才是产品，有好的团队才有可能做出好产品。”

是的，想要做出极致的产品，首先得打造出一个最佳团队。而小米的创始人团队堪称“超豪华套餐”，每一位都是业界大牛。

2009 年初，北京五道口谷歌办公楼。林斌正端坐在会议室，他的上司李开复领着一位客人走进来。望见来人，林斌不由眼前一亮。此人正是雷军，而那次是他与林斌的第一次会面。这以后，他们经常约出去喝茶聊天，话题总是围绕着互联网和智能手机。

林斌成了第一位加入雷军团队的高手。2009 年年底，黎万强从金山辞职后，找到了老领导雷军。雷军问："你要不要跟我一起创业?"黎万强甩出一句："没问题。"雷军笑了："你知道我要干什么吗？答应得这么快!"黎万强吐出两个字："手机。"雷军满意地点点头。

在雷军不断扩充队伍的关键时刻，林斌向雷军介绍了曾为微软服务了 13 年的黄江吉。当黄江吉与雷军聊起电子产品，他不由被雷军的疯狂震撼了，之后迅速答应加入小米。

不久后，谷歌高级工程师洪峰成为小米团队的成员之一。当初，他揣着上百个问题来"面试"雷军，洪峰问得越细致深入，雷军对他越满意。两人一拍即合，顺利开展了合作的旅程。成为"自己人"后，洪峰又为雷军拉来了"牛人"刘德。2010 年 5 月，刘德从美国飞回，抽空去北四环边上的小米公司转了转。他没想到的是，雷军和几位盟友已"不怀好意"地等了他许久。一番长谈下来，刘德对小米有了初步印象。第二次回北京的时候，刘德找到雷军，宣布正式入伙。

博士周光平是最后一位上了小米战舰的成员，为了获得他的信任，雷军施展浑身解数……

雷军说，小米是他不能输的一件事。为了能做出极致的产品，痛痛快快地赢一次，雷军决定要打造一个属于他的豪华团队。而他也为这件事情付出了极大的心血。

为了聚拢起心目中的最佳团队，雷军“拎着一麻袋现金看谁在做移动互联网，第一名不干找第二名，第二名不干找第三名”。他跑断了腿，说破了嘴才将那七位高手收归麾下。

这支队伍从零起步，彼此间磨合 5 年后，成功做到了 450 亿美元的战绩，堪称一个奇迹。小米从此成为国人心中靠谱国货的代表。

在商场上要学狼，它们是最懂得运用团队力量的动物。狩猎之时，一些狼充当先锋打头阵，一些狼负责围追堵截和善后，它们分工合作，齐心协力，无论遇到多强的对手都能轻松取胜。做企业也是如此，一支高凝聚力、高执行力的团队能为企业提供源源不断的原动力。

正所谓“一人难挑千斤担，众人能移万座山”。团队的力量是无穷的，一群人，一条心，足以干成一件伟大的事。美国通用公司正因团队成员间亲密默契的协作，才能顺利扭转连年亏损的趋势，跻身世界 500 强。海尔集团的张瑞敏在一个优秀团队的帮助下，15 年间频频出击家电市场，成功让海尔成为国产经典之一。商业史上，这样的案例数不胜数。

水滴只有落入大海才不会干涸，而大海依靠着无数的小水滴才能掀起风浪。意思是说，个人的能力依附团体能得到最大的施展。团体融合大家的力量，便能让整体实力翻倍增强。

李彦宏说："创业的'魔鬼三角'是团队、融资和商业模式。"张瑞敏说："团队中执行力最重要。"俞敏洪说："成功来自团队而非个人。"王石说："我从来不培养接班人，我是培养团队。"这些成功大佬们频频在公开场合强调核心班子的重要性，因为他们明白，一支最佳团队对于事业成功的意义。

1995 年 11 月，温哥华机场。俞敏洪顶着瑟瑟寒风，焦急地四处张望。为了见到老朋友徐小平，他在寒风中站了一个半小时。最后徐小平给他来了个电话，电话那头的他声音低沉。俞敏洪敏感地意识到，天才徐小平在国外混得并不好。

两人见面后，俞敏洪只说了一句："回国吧，你的梦想咱们一起实现。"徐小平流泪了，点点头。搞定徐小平后，俞敏洪开着车，疾驰在北美宽阔的公路上。车窗外风雪交加，他却心急如焚，想要快点见到王强。后者在美国著名的贝尔实验室做软件开发，是个能人。

俞敏洪见到王强后很激动，两人经过一番畅谈正式踏上了合作的道路。俞敏洪将徐小平和王强招揽进自己的队伍，旨在打造一支最强队伍。徐小平负责新东方的留学、签证等业务，王强则负责学员基础英语培训的工作。三个人一条心，在这种共同的努力下，新东方的未来越来越清晰……

创业的第一步是拼尽所能组建一支最佳团队，彼此间步调一致、共同进退，这是成功的基础。任何时候，都要重视团队的力量，因为只有最佳的团队才能打造出极致的产品，才能让事业迅速腾飞。

7. 用人不疑，疑人不用

雷军说：“人靠谱比什么都重要。”他遵奉着“用人不疑，疑人不用”这套中国传统的企业管理法则。

信任是团队合作的基础。作为一个管理者，如果心胸狭窄，多疑善妒，非但无法招揽顶尖人才，亦会让现有的团队土崩瓦解，永远也做不出一点成绩来。

雷军这种充满智慧的“用人观”在他的老员工邹涛身上体现得淋漓尽致。

2003 年底，邹涛调任珠海西山居，从此担负起金山游戏工作室的研发工作。北京同事对他说，做游戏的人个性强不好管，这句话让邹涛心里有点打鼓。临行前，雷军却拍着他的肩膀说，要一鼓作气好好干！加入西山居后不久，邹涛发现，这儿存在着一个巨大的问题——管理散漫，团队士气难以凝聚。想起雷军临行前的嘱咐，邹涛下定决心要努力挑起这个重任。

然而在此过程中，邹涛却频频碰壁。每逢他想要实施一个决策，总有人跳出来说：“求总未必会同意这个想法。”“雷总那边还没通过，咱们不能冒险。”邹涛有点气馁，他想他又不是来做傀儡的，他的目的是逐一攻克前行路上的难题。于是邹涛联系到雷军，将他的困惑与不解一股脑倾吐了出来。雷军表示理解，一番安慰后，雷军肯定道："这件事你放心，我现在就可以这样说，西山居的事务你有着绝对的决策力。"

有了这番授权，邹涛的工作开展起来容易多了。

邹涛事后说："从管理角度讲，部门负责人如果无法对部门具体事物直接决策的话，那管理工作就无法真正有效展开。"

想要使人才的主观能动性得以充分发挥，就要学会用信任来点燃他的工作热情。信任听起来容易做起来难。企业领导者若无法做到疑人不用用人不疑，员工也不会轻易交付出真心。后者只会按部就班做分内的事，而不会全心全意去建设企业。

小米联合科技创始人刘德对雷军总是赞赏有加，在他看来，雷军不仅是个全才，更难得的是人品一流。雷军经常对团队成员们强调信任的重要性，他笑称自己在签每一笔报销单的时候都很潇洒，闭着眼睛签名，这是因为他对他的下属抱有绝对的信任。

在雷军的领导下，小米上下都涌动着一股温馨、团结的氛围，员工们自发自觉地解决问题，热情高涨。拿小米客服团队来说，他们会第一时间想出办法解决用户的难题，而不用事事向上级汇报。这种自主权让客服团队的工作效率大大提高。

曾有一位顾客在购买小米的时候抱怨说，手机买来还得送去贴膜，太麻烦了。客服立马免费赠送了一张手机膜给顾客，这个举动虽小，却在顾客心中留下了美好的印象。所以雷军一向很鼓励员工多多去行使这种主动权。他在做天使投资人的时候，也从来不会对投资对象们指手画脚，他总是让他们放胆去做。

企业内部一定要将信任的观念层层贯彻下来。作为最高决策者，更要像雷军一样，有主动放权的心胸。管理法则的核心是信任，松下幸之助领衔的松下集团在新员工入职的第一天，就会安排他们进行重要技术的培训。他也曾害怕商业机密会因此而泄露，每逢这时他心里便会响起一个声音："若对员工进行技术封锁，员工们短时间内根本无法领会要点，这样残次品势必会增多，企业成本一旦增大，整体损失会更大……"

疑人不用、用人不疑的管理法则是在告诉我们：很多时候信任的回报率将远远超过你的想象。

邹涛从雷军那里学会了什么是真正的信任，而他也将这种信任传递了下去。

2004 年 6 月，金山《剑侠情缘 1》新版本《兵临城下》上线。可是新版本 50M 的更新量，让当时很多玩家知难而退。吸引不了足够的流量，邹涛决定对《剑侠情缘 1》进行改版。谁料这个决议遭到了一些内部负责人的强烈抗议，在他们看来，改版风险太大。邹涛很生气："改版和不改版，一条是死路，三天五天后死，另一条是可能活的路，但也有可能早死两天，你会选哪条?"

有员工将这件事情上报给雷军和求伯君，虽然他们也很担心，但最后还是对邹涛的决策表示尊重和信任。一段时间的煎熬后，改版计划圆满完成。到了 8 月份，《剑侠情缘 1》

游戏人数狂飙至 10 万多人，雷军专门打电话给邹涛，激动得哽咽道："兄弟，你做到了！"

谁料这种势头延续到 2005 年便戛然而止，金山的游戏研发部又一次遇到了难以逾越的障碍。邹涛经过仔细挑选，决定任用郭炜炜为项目的制作人。郭炜炜 15 岁就赴美留学，邹涛认为他"做事规范，具备大项目管理能力"，所以给予了他足够的信任。团队六年磨一剑，到了 2009 年《剑侠情缘 3》公测，然而效果却很不理想。周遭顿时响起了很多质疑之声，一些人建议换掉郭炜炜，邹涛却置之不理。

那一天郭炜炜拿着包烟进了邹涛的办公室，嬉皮笑脸道："老大，你不会把我干掉吧？"邹涛却笑着说："只要你还有毅力和勇气做下去，我就会一直支持你。"郭炜炜眼眶湿润了。

历史再一次重演，老人们纷纷离巢后，郭炜炜却带领着《剑侠情缘 3》一路披荆斩棘，顺利崛起。

美国通用电气公司 CEO 杰克·韦尔奇认为："管理得少就是管理得好。"在如今的企业管理中，作为领导者一定要大胆放权，用人不疑，疑人不用，给别人足够的尊重与信任，对方才会以真心作为回报。

8. 让员工笑着干活，才是本事

雷军曾说，光发高工资，也不能快乐起来，关键是怎么轻松地做事情。正印证了马云那句名言，创业要劳逸结合，能让员工笑着干活是一种本事。

调动员工情绪，让员工发自内心地爱上工作，工作效率必会大大提升，企业的向心力和凝聚力也将达到前所未有的高度。

真正优秀的管理者能让员工自愿跟随，真正聪明的领导者会让员工笑着干活。快乐能让所有人拧成一股绳，一鼓作气地朝着目标冲去。

在小米创立之初的那段日子里，员工的薪资水平堪称行业最低，劳动强度却是一般的互联网公司远远无法比拟的。员工们每周的休息时间少得可怜，平日里经常奋战到深夜。尽管如此，小米员工却一个个斗志昂扬，跟打了鸡血似的活力满满。

那是因为雷军实在是一位充满智慧的老板。他大手一挥，取消了打卡制度，砍掉了 KPI 考核传统，只强调责任感。除此外，雷军还与员工们一起分享期权，共享利益。

有位小米员工激动地说："想当年我在腾讯的时候，干了好几年基本都没见过马化腾，大老板更不可能知道我姓啥名啥。"然而进入小米后，某次开例会之时，雷军特意点到了她的名字，并和她亲密交谈起来。望着雷军面上的笑容，她惊诧之余，内心涌起一股幸福感。

那时候雷军特意花时间记住所有员工的名字，每每与新员工擦肩而过，雷军都会亲切地叫住他们，对他们嘘寒问暖。这些充满心思的小惊喜让员工激动而又兴奋。

金山时期的雷军总是忙得团团转，为了不占用工作时间，他会将大大小小的会议安排在节假日。到了小米创业时期，雷军却一改原先的“苦大仇深”，总是笑意盈盈的样子。小米步入正轨后，雷军取消了原先的加班文化。公司放假前，他一反常态，鼓励员工们要好好休息，多多玩耍，养足精力回来上班。

“在金山虽然我们也有很多理想主义的东西，也波澜壮阔，但总觉得苦难深重；做小米我们脸上都是笑着的，基本没有什么苦难史。”雷军笑言，他要向马云学习，将快乐作为一种资产送给所有员工，让他们笑着工作，快乐生活。

“什么样的公司能让员工产生归属感？”这个问题曾在某知名论坛上引起了一阵热议。有个网友的回答得到了很多赞同，他说：“能让员工快乐的企业最能让员工产生归属感。”领导者的一个重要使命是为员工打造一个充满幸福感的平台，让员工感受到工作的乐趣。

迪士尼乐园的娱乐设施、精彩的节目表演让顾客流连忘返，而它世界一流的服务更让人印象深刻。走进迪士尼，映入眼帘的是服务人员脸上热情而真诚的笑容。迪士尼认为，顾客的快乐由员工给予，如果员工不是发自真心地快乐，便无法感染到顾客。

迪士尼大学门口竖立着块醒目的牌子，上面写着：“欢迎来到迪士尼世界，在这你就是那颗闪烁的星星。”在这所大学里，每一名员工都能得到足够多的关注和赞赏。而其“快乐培训”更是十分有名。老师上课之时十分注重员工的参与度，这能有效引导他们的积极情绪。授课的内容也充满了趣味，游戏性十足。当员工融入角色，当工作场所变成了自由发挥的舞台，他们能抱着一颗童心，轻易获得快乐。

其次，迪士尼会给予员工丰厚的待遇和福利。公司十分注重家庭关怀，比如说，工作满一年以上的员工子女能得到一份迪士尼奖学金。对于老员工的奖励更是充满了人情味。

Facebook 的一名员工说，当初他在负责一项重要项目的时候，经常能碰见大老板扎克伯格。后者永远穿着最普通的 T 恤配上牛仔裤运动鞋，笑容满面。当扎克伯格闲逛到他们部门的时候，总会与员工像哥们一样交谈。他的亲和与随意给这名员工留下了深刻的印象。

项目被成功推出后，公司特意为组员们举办了一场热闹的酒会。当这名员工激动地与伙伴们讨论起项目前景的时候，却见扎克伯格端着酒杯走了过来，他眼神真挚，高声对这名员工说道："恭喜你！"

员工愣了，之后，一股自豪感油然而生。

扎克伯格的情商让人称道，而 Fabebook 的企业文化更是出名的宽松、活跃而又快乐。

"要用一颗快乐的心，快乐自己，快乐他人，快乐客户。"雷军如是说。

为了把快乐带给大家，雷军在小米的团建方面下了很多功夫，他每周都带着员工们去打篮球、羽毛球，一场场球赛打下来，大家的关系越来越融洽，公司的氛围也越来越好。雷军还特意在办公室里设置了桌上足球，鼓励大家在头脑不好使的时候去玩上几局，找找灵感。

愉悦的心情是高效工作的催化剂。聪慧的管理者会时刻注意员工的情绪，这是企业活力来源的关键。当雷军离开金山后，他对昔日十分推崇的企业“大长今”文化越来越无感。到了创办小米的阶段，他开始自觉剔除那种艰涩与“苦难感”，转而投入快乐的怀抱。

哪怕在职场中，人们心中的天平也会倾向于幸福和快乐的工作氛围，没有人能够忍受得了过分刻薄、压抑的工作环境。大部分员工不止追求高薪，更追求一种成就感和满足感。作为管理者，要懂得激励员工、积极去营造快乐的氛围，而不要每天板着脸，运用权力压制员工。